EN BUSCA DE TU
ESENCIA

EN BUSCA DE TU
ESENCIA

Guía para ENCONTRARTE, RENACER y DESCUBRIR lo
que has venido a SER

**Abraham
Portocarrero**

En busca de tu esencia
© 2019, Abraham Portocarrero

Autoedición y Diseño: 2019, Abraham Portocarrero
Primera edición: septiembre de 2019

ISBN-13: 978-84-17781-99-6

ÍNDICE:

Agradecimientos:

Este libro, o mejor dicho, este proyecto no sería posible sin tener el apoyo incondicional de mi mujer Yurena, gracias por implicarte, tener paciencia ,entenderme en este proceso de cambio y darme esos dos hijos maravillosos que son nuestros principales maestros en vida. Gracias a mi hermana Sandra (cuñada) guerrera de luz y amor, por conectar y tener la capacidad de hacerme ver más allá, Gracias a Laín García Calvo, mi Mentor ya que si no hubieras aparecido en mi vida, con "La voz de tu Alma", este mensaje, que quería transmitir al mundo, se hubiera quedado en el olvido.

Testimonios

Abraham te propone una mirada hacia adentro en busca de las cuestiones más profundas y liberadoras. Encontrar tu esencia es esencial si quieres vivir una vida plena de sentido y contribución. Si tambien quieres eso para ti, este libro te va a iluminar el camino.

Josep.

Abraham aporta su visión y experiencia como maestro de Terapias Manuales y narra su viaje hacia el interior después de darse cuenta que para ayudar a los demás primero hemos de ayudarnos a nosotros mismos.

Excelente guía para un viaje hacia uno mismo".

Maribel Elía.

Abraham es un maestro de las terapias alternativas que te ayudará a encontrar tu verdadera esencia. Puede que ahora no la encuentres, pero jamás dudes que esta existe. Abraham es el indicado para guiarte en este camino.

Aido Cortés Alcaraz. Autor Trilogía Núcleo.

Gracias Abraham porque con tu gran trayectoria profesional, y tu forma tan llena de amor y de cuidado para dirigirse al lector, me has llevado hasta lo más importante que todos tenemos pero que no sabemos reconocer, nuestra Esencia. Ahora soy consciente de que dentro de mí tengo un tesoro, gracias por ayudarme a descubrirlo".

María Torres Moros.

Abraham es un chico con un conocimiento del mundo y del cuerpo humano brutal. Me encanta leer sus páginas porque se nota que en todo momento sabe de lo que habla. Me encanta cómo ha conseguido unir lo físico y lo emocional en cada uno de sus capítulos y como te ayuda a descubrir ese poder infinito que todos albergamos en nuestro interior. Gracias Abraham".

Teresa Vitaller.

Leyendo las líneas de tu libro de manera sencilla y con maravillosa simplicidad invitas al lector a descubrir la magia de conectar con la esencia individual ; abriendo tu corazón ; compartiendo tu propia experiencia personal y profesional ; solo dan ganas de leer más y más ...; es como sentarse a hablar con un gran amigo.

Marisol Mahecha Martinez.

"En busca de tu esencia" te hace detenerte para indagar en tu corazón y encontrar las respuestas más profundas y que dan más sentido a tu vida a través de tu autenticidad, tu esencia. Muy motivador, te impulsa a dar lo mejor de ti al mundo. Es una llamada de atención a la sociedad de la inmediatez que vivimos.

Celedonia Ramón,
autora de "Y tú, ¿te conoces?"

Abraham es un maestro en el arte de transmitir con sus manos beneficios al cuerpo, más, a través de estas páginas, entrará de lleno en un masaje a tu mente y tu alma para que tu ESENCIA quede al descubierto. Te animo a entrar en este libro que aportará sin duda, luz a la búsqueda.

Rocío Rincón,
Autora de la trilogía,
CUANDO APRENDAS A VOLAR

Prólogo de Lain

"Conócete a ti mismo y serás conocido, y reinarás sobre el universo" es algo que enseñaba Jesús de Nazaret.

Cuando estudiamos los principios que nos muestran las personas más exitosas del planeta y de la historia, tener UN PROPÓSITO CLARO Y DEFINIDO es el primero de todos ellos.

Uno no puede llegar a ningún lado concreto si no sabe cual es ese lugar. Y lo pero es que cuando no sabes donde vas, lo más probable es que vayas al lugar donde los demás quieren para ti.

Con esa actitud, poco a poco nos vamos sintiendo más perdidos en la vida y, con el tiempo, nos preguntamos "quien soy yo", pero no sabemos responder.

Del mismo modo, el mundo entero se aparta para dejar paso a aquél que sabe donde va. Un ser IMPARABLE causa expectación e intriga, porque no se detiene por nada ni por nadie hasta alcanzar aquello que más desea en la vida.

Nada llega por casualidad, sino por causalidad, por sincronicidad, por principio de causa y efecto. Tampoco lo ha hecho este libro que, si ha llegado a tus manos, es porque sin duda alguna contiene algo importante para que puedas seguir con tu evolución.

Gracias Abraham por escribirlo y gracias a ti, amado lector, por querer leerlo y aprender de él.

GRACIAS GRACIAS GRACIAS.

TE AMO.

LAIN, autor de la saga LA VOZ DE TU ALMA.

www.lavozdetualma.com

Introducción:

Querido lector, mi principal intención con este libro es que hagas de él una guía para descubrir tu propia **esencia**, ese poder interno, ese manual que nadie nos ha enseñado y que tenemos todos y cada uno de nosotros, algo que no es complicado si en realidad te centras en la técnica apropiada y descubres tu verdadero don.

Tras varios años trabajando como terapeuta manual, y realizando diferentes disciplinas como la osteopatía y técnicas de masaje que me han facilitado el observar el comportamiento de las personas, cómo se comunican, el lenguaje corporal y la energía que desprenden, me han llevado a ver las carencias que tienen para estar bien física y emocionalmente. Por ello he comprobado que no hay un patrón fijo a seguir y que, aunque todos partimos de un mismo molde, tenemos muchas patologías diferentes, diversas y complejas. Por este motivo me propuse encontrar esa terapia, esa técnica, esa **esencia** propia, personalizada e intuitiva que ayude a mejorar el bienestar y la calidad de vida de los demás.

Uno de los principales motivos que me ha motivado a la hora de analizar a las personas que van a disfrutar de cualquier terapia es que la gran mayoría tienen una misma carencia, el afecto, con todo lo que esto conlleva: la falta de cariño, amor propio, autoestima.

Por ello me hice una pregunta clave: ¿cómo puedo ayudarles para que esta situación se revierta? Pues siendo ejemplo y un motivador incondicional, sabiendo escuchar y aportar toda mi experiencia y conocimiento para que siempre salgan mucho mejor de lo que entraron, respondiendo a todas y cada una de sus necesidades, es decir, ofrecerles mi propia **esencia**.

Pues aquí, con este libro te ofrezco las claves que me han llevado a encontrar Mi propia **Esencia**, para que tú encuentres las tuyas propias y así poder encontrar la persona que en realidad has venido a Ser.

1.

Mi Esencia

"Cada hombre tiene un tesoro que lo está esperando"
Paulo Coelho.

El término **_Esencia_** tiene varios significados de los que voy a destacar los siguientes:

- Aquello que constituye la naturaleza de las cosas, lo permanente e invariable de ellas.

- Lo más importante y característico de una cosa.

- Quinto elemento que consideraba la filosofía antigua en la composición del universo, especie de éter sutil y purísimo, cuyo movimiento propio era el circular y del cual estaban formados los cuerpos celestes.

- Entre los alquimistas, principio fundamental de la composición de los cuerpos, por cuyo medio esperaban operar la transmutación de los metales.

Para mí, **_Esencia_** es aquel don que tenemos todas las personas, muchas veces sin ser conscientes de ello; esa manera única que poseemos de realizar cualquier tipo de actividad o servicio con nuestro propio sello que contribuye a mejorar o beneficiar la vida de los demás.

Te voy a contar brevemente mi historia para que comprendas mejor.

Todo empezó desde que entré en contacto con las terapias manuales, aunque previamente ya tenía esa curiosidad por el bienestar y la salud, viendo a mi padre recibir masajes de pequeño, escuchando música relajante o new Age y leyendo libros de crecimiento personal, psicología y autoayuda.

Hice un ciclo superior de Alojamiento turístico sin nada de motivación, simplemente porque tenía que estudiar algo. Al cabo del tiempo y tras trabajar en el sector de la hostelería, me di cuenta de que no me aportaba mucho aunque, en este transcurso de tiempo aprendí algo muy importante: la atención al cliente y las relaciones entre compañeros de trabajo, observando sus molestias y dolores debido a sus trabajos y posturas forzadas. Entonces empezó a inquietarme algo, por lo que comencé a indagar para mejorar de alguna forma la calidad de vida de las personas.

Esa inquietud me llevó al mundo de las Terapias manuales, haciendo diversos cursos:

Quiromasaje, literalmente significa 'masaje con las manos' o 'masaje manual' y se usa para diferenciarlo de los masajes que emplean aparatos eléctricos o instrumentos mecánicos. Las técnicas de masaje se establecen y aplican en función del objetivo específico a conseguir.

La osteopatía, que es un conjunto de técnicas manuales empleadas para aliviar numerosas dolencias mediante la búsqueda de la recuperación del equilibrio orgánico.

Masaje tradicional chino, Tuina, que es una rama de la medicina china tradicional que utiliza el masaje con presiones como medio terapéutico.

Reflexoterapia Podal, que es un masaje en la planta de los pìes que estimula ciertos puntos reflejos y que tienen conexión directa con los órganos, mejorando su funcionalidad.

También he trabajado con la medicina ayurvédica, (india), aromaterapia, balneoterapia, ...

De todas estas técnicas he sacado mi propio tratamiento manual combinándolo con la parte que a continuación te detallo.

Elkhart Tolle autor del libro el" Poder del Ahora" fué el que me abrió la puerta al mundo del Mindfulness; la contemplación y atención plena mediante la meditación y ser consciente de que lo único que importa es el aquí y el ahora, es decir, éste momento.

A partir de aquí y con el paso del tiempo, doy un giro a la parte más espiritual y me doy cuenta del verdadero camino que tenía que elegir, sobre todo con lo escéptico que era en ese momento, ya que venía de rama más científica.

Me decido ir a a un retiro, taller de tres días de Mindfullness , esto me ayudó a conectar más conmigo mismo, a empezar a darle sentido a todo, por lo que me propuse buscar mi verdadera **esencia** combinando la formación más científica y rigurosa de la anatomía y fisiología humana con la espiritual, para luego poder aplicarlo no solo en mi trabajo sino en mí día a día.

Un día me resultó curioso lo que experimenté realizando una terapia craneal, que es una rama de la osteopatía, no daba crédito, sentía como mi cuerpo se conectaba con el suyo, con su movimiento,con su respiración, que conectaba con él y como ya venía del retiro pues dije, esto tiene algo que ver, aunque sigo pensando que hay cosas que científicamente son difíciles de explicar. Tras esta experiencia decidí introducirme en el Reiki, que es una terapia que utiliza una "energía vital universal" para el tratamiento de enfermedades y alteraciones mentales y emocionales. Se trata de utilizar las manos para captar esa energía exterior y canalizar hacia otras personas o a uno mismo con fines curativos. Esto me llevó a conocer a personas espirituales con las que nunca pensé en relacionarme, por lo que de ahí me recomendaron el yoga.

El Yoga es un conjunto de disciplinas y prácticas de tipo físico y mental, cuyo objetivo es lograr el equilibrio entre cuerpo y mente, también practicando la meditación y ejercicios de respiración.

Ya no podía parar y entonces un día probé una sesión con cuencos de cuarzo; fue mágica, ya que te eleva tanto la vibración por medio del sonido que te trasladas a un estado de verdadera conexión contigo mismo.

Todas estas experiencias estaban bien, pero ahora se trataba de darles forma, de dar significado a todo lo que tenía que aportar a la humanidad, no solo desde el conocimiento adquirido y la experiencia, sino desde la emoción. Así que me propuse analizar detenidamente el comportamiento del mayor número de personas posibles.

Quería respuestas y mi mente, todavía, buscaba las más contrastadas y científicas y por ello me sentí en la necesidad de matricularme en la Universidad en la diplomatura de Psicología.

Una de las asignaturas que tenía se llamaba Psicología de la Motivación; siempre había sentido curiosidad, pero cuando fui a presentarme al examen y miré a todas esas personas que allí se encontraban, observé y me di cuenta de que si esas eran las personas que iban a motivar a los demás, todas desoladas, tristes, apáticas, enfadadas... pues yo no quería formar parte de eso, me presenté al examen pero abandoné ese camino porque sentía que no era el mío, que no era para mí, ni para los demás, simplemente por el hecho de tener un título académico, con todos mis respetos ya que hay grandes profesionales psicólogos.

Era el momento de indagar, pero no solo en el exterior, en el comportamiento de las personas, sino primero en mí mismo para luego aplicarlo a los demás.

Por lo que, como tengo el privilegio y la suerte de ser director de una cadena de spas ,ponía en práctica todos esos conocimientos con compañeros y clientes, obteniendo unos fantásticos resultados a nivel físico y psíquico, pues salían todos renovados y no hay mayor gratitud en la vida que esto, ayudar a los demás.

Por eso esta guía te va a servir para que apliques todos estos principios, que a mi me han funcionado, en cualquier ámbito de tu vida.

La vida me ha enseñado que la actitud juega un papel muy importante en todos los aspectos y uno de ellos es el lenguaje corporal. El cuerpo como reflejo del Alma.

A continuación, te explico cómo he comprobado cómo el cuerpo habla y nos expresa toda clase de emociones; tan solo debemos observar y observarnos, te lo explico a continuación... ¿me acompañas?

Puntos más importantes para **recordar**.

- **Esencia** es aquel don que tenemos todas las personas, muchas veces sin ser conscientes de ello.

- Da significado a todo lo que tienes que aportar a la humanidad no solo desde el conocimiento adquirido y la experiencia, sino desde la emoción.

- Analiza tu propio comportamiento y el de los demás.

MIS NOTAS SOBRE
"Mi esencia"

2.

El cuerpo reflejo del Alma

"Un corazón contento hace un rostro bonito"
Laín García Calvo

El lenguaje corporal es fundamental a la hora de comunicarnos y expresar nuestras emociones con los demás.

Tras analizar a las personas, cómo gesticulan, cómo se mueven, cómo hacen gestos determinados, tics... nos da una pista a la hora de analizar el comportamiento.

Por ejemplo, si una persona está depresiva, su tendencia es tener los hombros hacia delante y cuello inclinado, mientras que, por otra parte, una persona que irradia positivismo y tiene mucha autoestima pues tendrá los hombros hacia detrás y el pecho bien hacia adelante, adoptando una postura erguida.

Aunque no lo creas, esa mala posición corporal es reversible, la podemos cambiar si la cogemos a tiempo no solo con corrección postural, estiramientos, yoga… sino que también con ejercicios diarios que por repetición y con una gran constancia se puede mejorar; por ejemplo, sentarnos de forma adecuada, una buena higiene postural ayuda y cuando uno fuerza la postura, aunque moleste, luego se convierte en un hábito. Ya lo decía Charles Darwin, nos adaptamos al medio y somos capaces de modificar estructuras corporales.

Te invito a que acudas a un profesional para que corrija tu posición. Te recomiendo El Yoga o Pilates, pero siempre busca a alguien que esté muy pendiente de ti. Cualquier duda también puedes entrar en mi página web; **www.enbuscadetuesencia.com** donde te voy a orientar y aconsejar en mis sesiones privadas.

Pero todo esto que te explico carece de sentido si no posees una buena actitud y te trabajas a ti mismo; me explico, si no tenemos una buena predisposición y constancia a la hora de realizar cualquier actividad o rutina abandonaremos a la primera de cambio y nada podrás hacer. Hay que ser realista, yo no estoy aquí para darte ninguna fórmula mágica, estoy para llevarte a que descubras el poder que tienes dentro de ti, tu **esencia**, pero para ello necesitas creer y confiar en ti y en tus posibilidades y la clave de todo esto es pasar siempre a la acción, en el sofá de tu casa viendo la TV y comiendo comida basura no vas a cambiar nada, al contrario, vas a estar cada vez peor, tú decides.

Lo primero que tienes que hacer es querer el cambio de hábitos en tu vida y creértelo, así de fácil y sencillo.

"El cambio nunca es doloroso sólo la resistencia al cambio lo es"

Buda.

Siempre nos han dicho que una vida sana y saludable es lo mejor para tener buena calidad de vida: dieta equilibrada, practicar deporte… es necesario para poder tener una buena forma física y por consiguiente proyectar una buena imagen corporal de nosotros a lo demás. Pero si a esto le añadimos una buena actitud, una buena corporalidad, nuestro cuerpo refleja nuestra propia Alma, es decir, nuestra propia **esencia** basada en el amor, sinceridad, transparencia y autenticidad;

siempre y primero a nosotros mismos y luego, automáticamente, a los demás.

¿Entiendes que el primero que se tiene que querer eres tú y que la consecuencia de esto va a ser una mirada más brillante y las personas van a reconocer esto?

¿No te ha pasado que ves a gente con un brillo, energía y entusiasmo especial? Pues si cambias y tomas acción, tú también puedes.

El mejor consejo, basado en mi propia experiencia, es que tienes que tomar una decisión lo antes posible para que des un giro de 180° en tu vida.

Perdona si soy demasiado sincero, pero si no lo haces hipotecas cada día de tu vida, pierdes y tienes menos posibilidades de alcanzar tus metas o propósitos.

Por lo tanto, a partir de este momento, si me dejas ayudarte, te prometo que tu vida va a experimentar cambios. Llegado a este punto, tú decides.

Tarea:

Cada vez que notes que tus hombros caen hacia adelante, saca pecho exageradamente, mantente erguido, haz tres respiraciones profundas, exhala, suelta, pero sigue manteniendo esa corporalidad.

Mi propósito con este libro es que lo utilices de manual y que te sirva de referencia. Quiero ayudar a las personas como tú a encontrar su verdadera

esencia, sin fórmulas mágicas, ni vendiendo humo, quiero de verdad hacer una revolución en el mundo, empezando por tu actitud ante las circunstancias y ante las personas, ya que las personas son las que van a percibir los cambios en ti y van a querer saber cómo lo has logrado, si es cierto que en realidad quieres ese cambio y estás dispuesto a pagar el precio.

El precio no es otro que quererte y valorarte más a ti mismo, no es ser egoísta, al contrario, es darte la importancia que tienes en este mundo para poder ofrecer la mejor versión de ti mismo a los demás. Seguro que estás pensando que es muy fácil decirlo, pero llevarlo a la práctica no tanto, pues déjame decirte, querido lector que tú lo haces fácil y, si quieres, también divertido, ¿cómo?

Pues te lo explico a continuación con lo que yo llamo la fórmula de la teatralidad.

Resumen el cuerpo reflejo del Alma

- El lenguaje corporal es fundamental a la hora de comunicarnos y expresar nuestras emociones con los demás.

- Si posees una buena actitud y te trabajas a ti mismo, si tienes una buena predisposición y constancia a la hora de realizar cualquier actividad o rutina, conseguirás todo lo que te propongas.

- Lo primero que tienes que hacer es querer el cambio de hábitos en tu vida y creértelo.

- Estar dispuesto a pagar el precio, que no es otro que quererte y valorarte más a ti mismo para poder ofrecer tu mejor versión.

MIS NOTAS SOBRE
"El cuerpo reflejo del alma"

3.

La vida, un Gran Teatro.

"La vida es una obra de teatro que no permite ensayos.
Por eso, canta, ríe, baila, llora y vive intensamente
cada momento de tu vida antes que el telón baje
y la obra termine sin aplausos."

Charles Chaplin

La teatralidad simplemente consiste en que hemos venido aquí a interpretar papeles de vida, como en una gran obra de teatro. Ahora tú decides qué papel interpretar.

El de figurante, pasando desapercibido y siendo uno más, el de actor secundario, tomando cierto protagonismo, pero sin llegar a implicarte demasiado y tomar responsabilidades o el de actor principal, siendo tú el protagonista de tu propia vida y existencia. Tú decides.

Espero que hayas elegido el del actor principal, es más emocionante. Pero no solo se quedaría en actor principal, debes ser el director de la obra, dirigiendo tus propios actos, siendo tu propio guía sin depender de nada ni de nadie, es decir, completamente libre.

Para ello te voy a proponer que realices un ejercicio.

Imagina que tu vida está siendo filmada, todo, absolutamente todo lo que acontece en ella. Ahora, primero te visualizas como espectador, como si estuvieras observando desde afuera y, siendo sincero, apunta qué papel interpretas, cómo te ves aquí y ahora, tienes que ser lo más sincero posible, no conmigo sino contigo mismo.

¿Lo tienes? Perfecto, seguimos, ahora visualiza cómo sería verte como director o actor principal.

_____

_____

Muy bien, ahora coge ese rol y tienes que trasladarlo a tu vida diaria, verás qué reconfortante es sentirte tan importante, líder, protagonista de tu propia vida. Si ya te considerabas director/ actor principal, no pasa nada, visualízate con un papel mucho mayor, director general, por ejemplo.

La idea con este ejercicio es sacar tu poder interno y empoderarte, darte el protagonismo que te mereces y que nunca nadie antes te lo había dicho.

Si lo haces y lo pones en práctica a diario, te prometo que vas a notar cambios en tu vida, pero para ello, como hemos hablado anteriormente, necesitas tener esa actitud y predisposición tomando acción, ya que nadie más lo va a hacer por ti. Yo solo te doy pautas que a mí me han funcionado, he utilizado este símil de ver la vida como un Teatro porque me ha ayudado bastante, primero porque no te tomas las cosas tan en serio, segundo porque lo haces como un juego y tercero porque ¿a quién no le gusta ser el protagonista de su historia, vida, obra y tener las riendas de todo lo que le sucede?

Me explico con esto último, somos, nosotros mismos, los responsables de todo lo que nos sucede con nuestra actitud ante determinadas situaciones, no nuestra familia, nuestros compañeros de trabajo, nuestros amigos, nuestros jefes...

Tendemos a culpabilizar a los demás de todo lo que nos pasa, y esto no es así, somos 100 % responsables porque me he dado cuenta de que vamos siempre de víctimas, quejándonos por todo y olvidamos estar agradecidos por las cosas buenas que nos pasan ya que tenemos más el foco en lo malo que en lo bueno.

En resumen, debemos ser los actores principales, dirigiendo nuestra propia obra de teatro/vida y sintiéndonos como espectadores de esta, haciéndonos únicos responsables y dueños de lo que nos sucede sin culpabilizar a los demás.

Solo tienes una vida, solo tienes una oportunidad, tú decides si vivirla intensamente como protagonista o vivirla como figurante sin que pase nada relevante y siendo víctima de tus propias quejas.

La queja, precisamente, es algo que debemos borrar de nuestra vida si queremos ser felices. Te lo explico a continuación hablando en positivo.

Antes te **recuerdo** los puntos más importantes

- Hemos venido aquí a interpretar papeles de vida, como en una gran obra de teatro. Ahora, tú decides qué papel interpretar.

- Debes ser el actor principal y el director de tu vida, dirigiendo tus propios actos, siendo tu propio guía sin depender de nada ni de nadie, es decir, completamente libre.

- Somos, nosotros mismos, los responsables de todo lo que nos sucede en la vida por nuestra actitud ante determinadas situaciones, no nuestra familia, nuestros compañeros de trabajo, nuestros amigos, nuestros jefes...

- Solo tienes una vida, solo tienes una oportunidad, tú decides si vivirla intensamente como protagonista o vivirla como figurante sin que pase nada relevante y siendo víctima de tus propias quejas.

MIS NOTAS SOBRE
"La vida, un gran teatro"

4.

Hablar en positivo

"La forma en que nos comunicamos con otros y con nosotros mismos determina la calidad de nuestras vidas"

Anthony Robbins.

Hablar, expresarse o dirigirse a los demás es la base fundamental en las relaciones de personas: la comunicación verbal, cómo transmitimos el mensaje y la intención que le damos.

La intencionalidad es lo que marca el resultado y bajo mi punto de vista tiene, por consiguiente, más valor; por ejemplo: no es lo mismo la dependienta que en un comercio se dedica a pasar simplemente la compra, despachar y actuar como un robot sin ni siquiera mirar a los ojos del cliente e interactuar con él y darle los buenos días, a la dependienta que mira a los ojos del cliente, le saluda amablemente y con una sonrisa le alegra el día.

Es importante a la hora de comunicarnos con los demás que no te afecten los estados de ánimo. Podemos tener un día gris, pero si tratamos a los demás como nos gustaría que nos tratasen, todo cambiaría, sobre todo de la percepción que tienes de ti mismo.

Si te levantas por la mañana y lo primero que haces es sentarte ante el televisor o el móvil sin interactuar con tu familia o con los demás, pues precisamente esto, no te va a ayudar mucho a tener un lenguaje positivo con la siguiente persona que te encuentres.

Debes abrirte al mundo, debes comunicarte con los demás de manera sana, sin disputas, sin peleas, sin quejas, ya que esto te abrirá la puerta a ser tu mejor versión, a ser tu propia **esencia**, desde el amor y no desde la guerra y la confrontación.

Si tu mensaje es positivo y motivador, los demás querrán oírte y estar contigo, te seguirán y apoyarán, así de fácil. En cambio, si tu mensaje es negativo, lo único que vas a conseguir es meterte más en el papel de víctima, pues eso es lo que estás proyectando a los demás.

Trabajo diariamente con muchas personas y he comprobado que da igual lo triste, apáticas y enfadadas que estén, porque el lenguaje positivo que utilices va a tener mucho más poder.

Lo comento siempre con mi equipo de trabajo, es muy importante el recibimiento y la primera imagen que se lleva el cliente de nosotros porque de ahí dependerá como salga del tratamiento.

Tú, querido lector, puedes poner luz en mucha gente, puedes alegrar el día a mucha gente, simplemente no te dejes influenciar por los estados de ánimo de los demás ni por los tuyos. Comunicando de manera asertiva, viendo siempre el lado positivo de las cosas, que siempre lo hay, poniendo en tu cara la mejor de las sonrisas... pues simplemente con ese gesto ya tienes conquistada a la otra persona.

Una manera de comprobar que estás utilizando un lenguaje positivo es ver si la gente te presta o no atención. Cuando tu mensaje y tus palabras salen del corazón, todo el mundo va a parar de hacer lo que están haciendo y te van a escuchar.

Has captado su atención y de una forma simple y fácil porque el mensaje que transmites es mucho más enriquecedor que los pensamientos que pueda tener esa persona en ese momento.

Dirás, ya, pero muchas veces por mucho que hable no me atienden; tranquilo, es porque primero tienes que crearte un patrón de Lenguaje positivo, que por repetición llegará a formar parte de tu vida diaria para transformarla. La tuya y la de los demás.

El lenguaje positivo consiste en tratar de medir cada palabra que utilizas y ponerle toda la mejor la intención, ocasionando un impacto positivo a la persona receptora.

La forma de conseguir ese mensaje es quitando de tu vocabulario palabras que a ti no te gusten como, por ejemplo: eres un fracasado, eres mediocre, eres insoportable, e incluso otros insultos que voy a obviar.

Todas estas palabras las sustituimos por: eres grande, eres el mejor, te amo, te quiero, gracias, un abrazo, me alegro de verte,...

Esto no significa que, si no te gusta algo de la otra persona, que lo más probable ese algo que no te gusta lo tengas en ti mismo, por eso se dice que somos espejos, le puedas asertivamente aconsejar y decir de manera muy cortés lo que tu piensas, pero siempre sin olvidar la base, hablando en positivo.

Vas a experimentar cambios significativos si pones de tu parte y te comunicas con los demás de la mejor manera posible. Como si le estuvieras agradeciendo todo el tiempo a la otra persona su presencia, como si te vieras reflejada en ella, como una sola persona.

Practicar la empatía desde el primer minuto; si haces esto, las palabras que saldrán de tu boca serán siempre positivas, nunca podrá salir nada negativo pues ya has aceptado a la otra persona tal y como es.

Tarea.

Cada vez que hables negativamente a alguien o de alguien tienes que poner una moneda en un recipiente, al llenarlo lo llevarás y lo entregarás a alguna ong, si no has cumplido con tu tarea pues que por lo menos sirva para ayudar a otros.

Te acabo de simplificar y dar la receta de una nueva forma de poder expresarte y es tan sencillo como conectar con la **esencia** de la otra persona y que ella a su vez conecte con la tuya.

Y, si quieres saber más te lo cuento en el siguiente capítulo con lo que ya hemos hablado, somos espejos.

Pero, antes, vamos a **resumir** lo más destacado del capítulo:

- Es importante a la hora de comunicarte con los demás que no te afecten los estados de ánimo.

- El lenguaje positivo consiste en tratar de medir cada palabra que utilizas y ponerle toda la mejor intención, ocasionando un impacto positivo en la persona receptora.

- Practicar la empatía desde el primer minuto; si haces esto, las palabras que saldrán de tu boca serán siempre positivas.

MIS NOTAS SOBRE
"Hablar en positivo"

5.

Somos Espejos

"Lo que más odias de los demás es lo que más niegas en ti mismo, lo que más amas es lo que más deseas dentro de ti. Usa el espejo de las relaciones para guiar tu evolución."

Deepak Chopra

Las relaciones entre personas son fundamentales si quieres conocerte a ti mismo, si deseas encontrar ese don/esencia que te libere y guíe hacia la tierra prometida.

Somos espejos, literalmente hablando, ya que estamos diseñados de la misma forma, con la misma estructura anatómica; es decir, si alguien, Dios, El universo, la Energía, como lo quieras llamar, nos ha fabricado, nos ha hecho iguales. Su intención no era seguramente hacerte diferente al resto, por eso hay conexión con todo el mundo, lo que ocurre es que la hemos perdido y esto no quiere decir que no sigas teniendo tu propia **esencia**.

A la hora de construir cada paso de nuestro crecimiento personal te enfocas en exceso tan solo en tu interior, gran parte de lo que podemos aprender también reside en el exterior. Infinidad de leyendas nos enseñaban desde la antigüedad que lo que vemos en los demás nos revela información sagrada de lo que somos nosotros mismos.

Muchos han sido los estudios sobre psicología personal que afirman que el exterior actúa como un espejo para nuestra mente. Un espejo donde vemos reflejadas diferentes cualidades, características y aspectos personales de nuestra propia **esencia**, de nuestro ser más primitivo.

Tienes que tener clara una cosa, y esto es sumamente importante a la hora de entender cualquier proceso de búsqueda interior, y es que **TODOS SOMOS UNO.**

Si partes de esta base y entendemos que todos los que formamos parte de este planeta estamos conectados, aprenderás la clave y entenderás que todo lo que te molesta de los demás está en ti y todo lo que admiras y amas también reside en ti.

La ley del espejo, descrita por el psicólogo Carl Gustav Jung, es el resultado de lo que en Psicología se llama proyección. Este mecanismo psicológico se basa en algo tan simple como atribuir a los otros algo que en realidad es nuestro.

Dependiendo del caso podemos proyectar hacia los otros en positivo, o bien en negativo, pero, tranquilo, a partir de hoy vas a ser más consciente y esto te va a permitir trabajar aspectos muy relacionados con la imagen que tienes de ti y tal vez conocer qué debes aceptar de ti mismo para sentirte mejor y qué quieres cambiar. Para ello, sólo tienes que hacer un listado de las cosas que te sacan de quicio de los demás y preguntarte, ¿qué relación tienen esas cosas conmigo?

Otra manera de proyectar en los demás la encontramos en el ámbito de la pareja. En muchas ocasiones nos quejamos de no recibir del otro, lo que en realidad no nos estamos dando a nosotros mismos.

De esta forma, sentimos que no estamos recibiendo la atención suficiente de nuestra pareja, que no nos está aceptando tal y como somos, que no nos quiere, etc. En estas situaciones es importante darle la vuelta a esa queja y dirigirla hacia nuestro interior a través de preguntas como estas: ¿qué parte de mí no estoy atendiendo?, ¿que no estoy aceptando de mí mismo?, ¿me estoy queriendo lo suficiente?

La ley del espejo es clara: lo que vemos fuera es un reflejo de nuestro interior. Así que te animo a que dejes de dirigir tu mirada a los otros y empieces a mirar qué hay o qué falta dentro de ti.

Como habrás comprobado, volvemos una y otra vez a lo mismo.

En tu interior está la clave, es dónde buscar, no busques afuera pues es ahí, dentro de ti, donde siempre vas a hallar las respuestas.

Conócete, ámate y comprobarás que todas las personas con las que entres en contacto las verás como maestros que te enseñan cada uno una lección de vida y no te fijaras en sus defectos sino en sus potencialidades, es decir, en lo positivo de cada uno de ellos, conectando con su **esencia** y la tuya, yendo más allá de las palabras y percibiendo esa energía intangible que nos une a todos.

A continuación, te explico con más detalle la energía como concepto de vida tal y como yo la entiendo, basándome siempre en mi propia experiencia.

Pero antes te **resumo** el tema en estos puntos:

- Tienes que tener clara una cosa, y esto es sumamente importante a la hora de entender cualquier proceso de búsqueda interior, y es que TODOS SOMOS UNO.

- La ley del espejo es clara: lo que vemos fuera es un reflejo de nuestro interior.

- En tu interior está la clave, es dónde buscar, no busques afuera pues es ahí dentro de ti donde siempre vas a hallar las respuestas.

MIS NOTAS SOBRE
"Somos Espejos"

6.

La energía de la vida

"Si quieres encontrar los secretos del Universo, piensa en términos de Energía, frecuencia y vibración".

Nicola Tesla

Energía tiene varios significados, a continuación, te detallo los más relevantes para que entiendas el concepto:

El concepto de energía viene del griego, que significa actividad, operación, una fuerza de acción y tiene diversos significados que siempre se relacionan con la idea de poner a trabajar, transformar o poner en movimiento.

La energía es un concepto que se utiliza en el campo de las ciencias naturales en general. En física, significa la capacidad de realizar un trabajo (la fuerza con que se realiza y la que se aplica).

Todo cuerpo es capaz de poseer energía en función de su movimiento, posición, temperatura, masa, composición química y otras propiedades importantes.

La energía es la fuente de todos los cambios que observamos en la naturaleza.

La energía se manifiesta, por ejemplo, en el derretimiento del hielo, el cual es un cambio físico, o en el proceso digestivo del hombre, el cual es un proceso químico.

Otro ejemplo cotidiano es la fuerza del viento que empuja las ramas de los árboles, moviéndose. Cuando nos alimentamos, lo que realmente estamos haciendo es absorber la energía que contenían esos alimentos y, gracias a esta, podemos realizar actividades tanto mentales como físicas.

Newton fue un físico inglés que hizo un gran aporte a la física sobre la energía; aporte que más tarde se resumió en tres leyes del movimiento: inercia, fuerza y acción y reacción.

Comúnmente se conocerá a este caballero inglés por su incidente debajo de un árbol de manzanas, del cual derivó el descubrimiento de la gravedad y la formulación de dicha ley. ¿Qué es la gravedad? Pues nada menos que energía.

De allí han partido numerosos científicos para elaborar más teorías y leyes sobre la acción de la energía sobre los cuerpos.

Albert Einstein, alemán, también fue un físico que se dedicó al estudio de la energía y determinó que todo lo que nos rodea está compuesto de energía: los átomos, las moléculas, los planetas, las constelaciones, etcétera.

Este concepto es importante de entender puesto que, aunque no veamos la energía, de la gravedad sí vemos que hay esa fuerza que atrae el objeto hacia la tierra.

Te cuento un poco lo que significa la energía para mí, basada en mi experiencia a la hora de tratar a las personas con terapia manual. Sin ver ni ser tangible, la energía que emana puedo, a través de mis manos, sentirla como una especie de calor sutil que me dice que hay algo más que contacto, hay algo que va más allá de las palabras, hay esa energía de la vida que nos mantiene conectados en todo momento y que por mi condición de terapeuta puedo captar con más facilidad.

Pero eso es cuestión de interiorizar y tener fe en que lo que estás haciendo; así se beneficia siempre a la otra persona.

Para entender un poco mejor este concepto de energía, te explico el término holístico y la relación que tiene con la energía ya que es importante conocer el cuerpo como conjunto indivisible, cuerpo, mente y alma.

Holístico es un adjetivo que indica que algo es relativo o pertenece al holismo. Se forma a partir del término griego ὅλος (hólos, que en español significa 'total', 'todo', 'entero').

El holismo es un concepto creado en el año 1926 por Jan Christiaan Smuts que describió como "la tendencia de la naturaleza de usar una evolución creativa para formar un todo es mayor que la suma de sus partes".

En términos generales, holístico indica que un sistema y sus propiedades se analizan como un todo, de una manera global e integrada, ya que desde este punto de vista su funcionamiento sólo se puede comprender de esta manera y no sólo como la simple suma de sus partes.

Holístico se suele aplicar a términos como planteamiento, pensamiento, paradigma, enfoque, concepto o programa para significar que se utiliza una visión integral y completa en el análisis de una realidad.

El término holístico aparece en diversas disciplinas como la filosofía, la biología, la psicología o la educación. Algunas palabras y términos que en ocasiones se utilizan con un significado similar pueden ser 'sistémico', 'global' y 'en conjunto'.

Se considera que la medicina holística es una forma de terapia alternativa aplicada a la medicina. Se basa en la concepción del ser humano como un todo y no sólo la suma de sus partes.

En este sentido, la medicina holística indica que para un correcto tratamiento terapéutico se debe tener en cuenta el entorno y los diferentes aspectos que componen a la persona. Incluye conceptos como 'energía vital' y 'equilibrio.

Esa energía vital y equilibrio son la base fundamental para que entiendas lo que te puede beneficiar a ti y, por consiguiente, al resto de personas que interactúen contigo.

Sabiendo esto, es importante que comprendas que la energía está en todas las cosas por lo tanto si comprendes que somos energía, que esa energía la tenemos que usar a nuestro favor, te aconsejo ir a una buena terapia y asesoramiento con terapeuta holístico ya que te ayudará a encontrar el equilibrio y conseguirás alinear tu mente, cuerpo y "alma" .

La energía de la vida es simplemente esa fuente que poseemos todos y que debemos de potenciar y trabajar para ser cada vez más fuertes.

Es esa fuente que nos nutre a todas y cada una de nuestras células. Y la mayor fuente de energía que tenemos y que mueve al mundo es el amor.

El amor es la energía más potente, a continuación, te explico por qué.

Resumen de los principales puntos del capítulo:

- Todo cuerpo es capaz de poseer energía en función de su movimiento, posición, temperatura, masa, composición química y otras propiedades importantes. La energía es la fuente de todos los cambios que observamos en la naturaleza.

- Hay algo que va más allá de las palabras, hay esa energía de la vida que nos mantiene conectados en todo momento.

- Es esa fuente que nos nutre a todas y cada una de nuestras células. Y la mayor fuente de energía que tenemos y que mueve al mundo es el amor.

MIS NOTAS SOBRE
"La energía de la vida"

7.

El amor, la energía que mueve el mundo

"El amor es la fuente de energía más poderosa del mundo porque no tiene límites"

Albert Einsten

Querido lector, hasta ahora te he dado varias técnicas y conceptos claves para poder encontrar y descubrir tu poder interior, **esencia** y don que todos y cada uno de nosotros poseemos, pero todo lo que te he descrito con anterioridad carece de importancia si no le aportas a cada acto tu toque sincero y personal de amor.

El amor es un concepto muy complejo y abstracto, pero si lo llevas a tu terreno te aseguro que pasarán cosas extraordinarias en tu vida.

Simplemente, lo único y más importante que tienes que hacer para beneficiarte del don del amor es amarte a ti mismo como a nadie y antes que a nadie, ponte siempre en primer lugar, pues esto va a traer beneficios colaterales en las demás personas con las que entres en contacto. Así de fácil y sencillo.

Amarte, por lo tanto, implica una serie de requisitos básicos. Primero, trabajar tu cuerpo, ingiriendo alimentos sanos, haciendo ejercicio a diario ya que, si tienes un cuerpo saludable, tendrás una mejor aceptación de tu cuerpo y por lo tanto te verás más atractivo y esa es la imagen que proyectas a los demás.

Segundo, ejercitando la mente con la lectura y la formación continua en temas que te atraigan, esto hará que estés más despierto y consciente a la hora de enfrentar cualquier adversidad, demostrando inteligencia a la hora de tomar acción, por lo tanto, te dará más seguridad en ti mismo.

Tercero, medita a diario, si no te has iniciado en la meditación, en Internet tienes muchos vídeos de meditaciones guiadas que te pueden ayudar a comenzar.También puedes entra a mi web, **www.enbuscadetuesencia.com** y te amplio la información sobre la meditación.

Es importante ya que aquí conectas con tu interior, que es, como ya te he comentado, donde se hallan todas las respuestas.

Cuarto, sé fiel y coherente con lo que dices que vas a hacer y lo que haces; no te engañes, esto es una muestra más de amor propio.

Quinto, sigue las señales que te dicte tu corazón, no la mente que es racional y te va a proteger en todo momento, elige siempre por intuición.

Todos estos pasos, si los sigues a rajatabla, te llevarán directamente a conectar con tu propia **esencia** de forma más rápida.

Conectarás con las personas con las que entres en contacto, simplemente aceptándolas tal y como son, ya que verás en ellas el amor y, como te conté en el capítulo de Somos espejos, nos veremos reflejados y todo fluirá. Si entiendes esto, aceptarás al otro sin intentar cambiarlo, clave para ver más allá, y lograrás conectar tu corazón con el suyo.

Todo esto te parecerá una utopía, pero si tienes confianza en ti mismo, fe y muestras claridad sin juzgar y solo ves y te enfocas en la parte positiva, habrás encontrado el Santo Grial del amor.

La expresión de "el amor mueve montañas" indica la capacidad de que, quien vibra en la frecuencia del amor, tiene un poder incalculable para afrontar cada situación. Por lo tanto, cuando estés abatido, cuando estés sin aliento para vivir, cuando te sientas que no hay motivo por el que vivir, cuando te vengan pensamientos negativos, cuando ya no creas en nada, entonces ahí es cuando tienes que sacar todo tu amor, vibrar en esa frecuencia tan alto como puedas y volar y ser feliz y libre porque el amor es esa fuerza que te va a impulsar a llegar a donde quieras.

El amor se mueve por vibración, como las ondas sonoras.

El Doctor Masaro Emoto analizó y comprobó que las palabras, oraciones, sonidos y pensamientos dirigidos hacia un volumen de agua influyen sobre la forma de los cristales de hielo obtenidos del mismo. Según Emoto, la apariencia estética de los cristales dependería de si las palabras o pensamientos sean positivos o negativos, por lo tanto, los pensamientos y la intencionalidad que le damos afecta a todas las personas que nos rodea ya que estamos compuestos por más del 70 por ciento de agua.

Dicho esto, te invito a que, a partir de ahora, practiques, como hemos dicho anteriormente, el lenguaje positivo, desde el amor, hacía ti y por consiguiente hacia los demás.

No solo con la palabra hablada sino con tus pensamientos e intencionalidad, vibrando alto, siendo profundo en aquello que hagas a diario, tomando consciencia del aquí y el ahora que es en realidad lo único que importa y es en el momento en el que puedes tomar acción.

Te propongo ejercicio, mantén durante 21 días tu atención, tu foco en ti, es decir, apunta a diario en un papel por qué te amas, y, si tienes dudas, vuelves a empezar hasta que lo consigas todos los días de tu vida, agradeciendo así cada día.

Dar las gracias por estar vivos es un ritual que tenemos que hacer a diario. A continuación, te explico más sobre estar agradecido a la vida.

Vamos a **repasar** los principales puntos de este tema:

- El amor es un concepto muy complejo y abstracto, pero si lo llevas a tu terreno te aseguro que pasarán cosas extraordinarias en tu vida.

- Lo más importante que tienes que hacer para beneficiarte del don del amor es amarte a ti mismo como a nadie y antes que a nadie.

- Si tienes confianza en ti mismo, fe y muestras claridad sin juzgar y solo ves y te enfocas en la parte positiva habrás encontrado el Santo Grial del amor.

- Practica el lenguaje positivo, desde el amor, hacia ti y por consiguiente hacia los demás. No solo con la palabra hablada sino con tus pensamientos e intencionalidad, vibrando alto, siendo profundo en aquello que hagas a diario.

MIS NOTAS SOBRE
"El amor, la energía que mueve el mundo"

8.

Da gracias a la vida.

"Sé agradecido por lo que ya tienes mientras persigues tus objetivos. Si no estás agradecido por lo que ya tienes, ¿qué te hace pensar que serías feliz con más?

Roy T.Bennett.

Querido lector, si estás aquí, leyendo este libro, quiero que seas consciente de que puedes respirar y tu corazón late, por lo tanto, por este simple hecho ya debes de considerarte la persona más afortunada y agradecida del planeta.

Existes y estás vivo, tienes un cuerpo para moverte y tienes un cerebro para dirigir tus actos, eres un ser único que ha venido a este plano a brillar. Da las gracias por ello y celébralo a diario, la vida te ha puesto aquí y no importa tu condición social: estás vivo y es lo único que importa en este preciso instante.

Tienes que ser consciente de ello, en todo momento, y todo entrará en en tu mente y por lo tanto tus pensamientos cambiarán.

La vida es un regalo por eso se llama presente, no malgastes tu tiempo, aléjate de la queja y emprende una vida con gratitud.

Estás aquí solo 30000 días, que son 82 años de media, que es lo que vive una persona adulta, eso no es nada, tan solo un abrir y cerrar de ojos.

Por lo tanto, agradece cada instante en la tierra porque nunca sabes cuándo llegará el momento en que tus ojos vean el último atardecer, eso si te detienes a verlo.

Agradece y da las gracias por todo, por la vida que te ha tocado vivir, por ser tú, por tener lo que tienes, también lo material, es importante dar las gracias por todo.

Agradece cada día, como si de un ritual se tratase, el ver un nuevo amanecer, el ver a esa persona que amas a tu lado, dile que la amas todos los días de tu vida, a tus hijos, a tus padres, a tus compañeros de trabajo ...

Si haces esto a diario, aparecerán en tu vida bendiciones, siempre queremos más, pero hasta que no seas agradecido por la cosas simples y cotidianas de la vida como respirar, sentir, oler, saborear, comer, vivirás una vida deseando siempre más sin ser feliz por ello.

La vida es una oportunidad para crecer y desarrollarnos como personas, disfruta de todo lo que haces y de la manera cómo lo haces, incluso de los errores, pues estos son los que te van a dar la mayor de las enseñanzas.

Cuando te sientas abatido, desolado y sin ganas de nada, practica el darle gracias a la vida por todo lo que tienes. Eres un auténtico privilegiado, respiras y punto.

Dejarás de respirar y morirás y lo más importante es que no sabes cuándo. Pero puede ser esta noche, mañana, en un mes. Da las gracias a Dios, al Universo, a la Energía, a la Existencia o como tú quieras llamarlo.

Pero da las gracias siempre por Ser y estar aquí.

Has venido a vivir una vida plena, no la hipoteques lamentándote por no haberla vivido al máximo.

Sé valiente, ten el coraje de no regalar ni un solo segundo lamentándote. No pienses que la vida es injusta, siempre hay alguien que desearía tener lo que tú tienes y no me refiero solo a lo material.

La vida te pone en diferentes situaciones para que aprendas, hazlo y sigue, sigue caminando hacia adelante, sin mirar a tu pasado, enfocando el futuro, pero sin perder de vista el presente, que es donde debes estar siempre, aquí y ahora.

Vive con alegría, como un niño, sin esperar nada, viviendo cada segundo con la misma inocencia, jugando, corriendo, saltando, bailando, amando... libremente y en total armonía.

Como te decía anteriormente esto se acaba algún día, pues perdona a los demás y a ti mismo. Quítate ese lastre de culpas innecesarias y todo fluirá más ligero en tu vida.

Vive, aquí, ahora; es el momento y da las gracias siempre por ello.

Aprovecho para dar las gracias por estar aquí, en este momento compartiendo e intentado ayudarte con estas palabras y este libro.

Espero y deseo que te sean de gran ayuda.

Gracias.

Te invito a que realices un ejercicio agradeciendo por todo lo que tienes todas las mañanas de tu vida. Siempre en el momento presente.

A continuación, te explicaré por qué tenemos que estar siempre en el momento presente, en el aquí y en el ahora para encontrar nuestra **esencia**.

Antes, te **resumo** el capítulo para que tengas los puntos más importantes:

- Puedes respirar y tu corazón late, por lo tanto, por este simple hecho, ya debes considerarte la persona más afortunada y agradecida del planeta.

- Agradece y da las gracias por todo, por la vida que te ha tocado vivir, por ser tú, por tener lo que tienes, también lo material, es importante dar las gracias por todo.

- Has venido a vivir una vida plena, no la hipoteques lamentándote por no haberla vivido al máximo.

- Vive con alegría, como un niño, sin esperar nada, viviendo cada segundo con la misma inocencia, jugando, corriendo, saltando, bailando, amando… libremente y en total armonía.

MIS NOTAS SOBRE
"Da gracias a la vida"

9.

Aquí y ahora

"El único lugar donde puede ocurrir un verdadero cambio y donde puede ser disuelto el pasado es en el Ahora"

Eckhart Tolle

Este tema que te voy a explicar, por mi experiencia, he de reconocer que es el que más me apasiona, puesto que lo considero como una filosofía de vida, el vivir en el presente, en el aquí y el ahora.

Como ya te he contado anteriormente, me ha marcado mucho Eckhart Tolle, escritor del libro *El poder del Ahora entre otros*. Esto me ha llevado al mundo de la contemplación plena y a investigar sobre ello.

Jon Jabat Zinn, profesor emérito de Medicina, diseñó un programa llamado Mindfulness, basado en el reducción del estrés trabajando la atención plena, sin juzgar, apegarse o rechazar en alguna forma la experiencia, práctica basada en la meditación que ya practicaban hace miles de años las culturas orientales.

Un día, por curiosidad, me decidí a hacer un retiro de mindfulness; eran tres días, en un convento, en el que se practicaban meditaciones guiadas, el silencio, el estar contigo mismo, la contemplación sin juicios; y fue tan grata la experiencia que a partir de ese momento dedico todos los días un rato de mi día a meditar.

Te invito a que sigas una de mis meditaciones guiadas en www.enbuscadetuesencia.com

Aprendí a parar, que es sumamente importante, sobre todo con el ritmo de vida tan acelerado que llevamos, y me di cuenta de que desde que tenía un poco de estrés, en el trabajo o en casa, me paraba, hacía ejercicios de meditación y respiración y funcionaba, el estrés desaparecía.

Es por esto que te recomiendo que te inicies en alguna técnica de meditación, no tiene por qué ser de Mindfulness, hay miles de meditaciones guiadas y muy positivas. Lo importante de todo esto es que te pares, contemples y luego continúes.

Todo lo que hagas en tu vida tiene que ser en el momento presente, hasta organizar o planificar una *tarea* la estás haciendo en momento presente.

Sé consciente de todo lo que haces en todo momento y un buen ejercicio para empezar es con las cosas más cotidianas como puede ser fregar el piso, bañarte, comer... ¿te has sentado a comer y has saboreado cada trozo de comida en tu boca? te invito a que lo hagas, es orgásmico.

Si practicas esta filosofía de vida, te ayudará a encontrar mucho más fácil tu **esencia**, puesto que la meditación te abre no solo al mundo espiritual sino también a la contemplación en ti mismo y sentirás cómo, sin juicios, vas a ir obteniendo todas las respuestas que siempre has buscado en el exterior. ¿Cómo? Conectando con tu propio ser, con tu propia existencia, con tu yo superior.

Tu yo superior es esa voz interior que tenemos que nos dice y nos guía, siempre desde el amor, lo que es mejor para nosotros. Esta es la parte más espiritual en la que tienes que dejar tus creencias de lado, religiosas y científicas, y dejarte llevar sin ningún tipo de juicios.

Entonces vas más allá y compruebas que puedes conectar con algo más grande que tú. Entonces, desde ese momento, ya no temes a la muerte, porque si hay conexión con algo mucho más grande, no puede acabar la vida aquí, tiene que continuar de otra forma, Abandonarás tu cuerpo, pero tu alma, tu **esencia** seguirá estando en otro plano o dimensión.

Si eres consciente de todo esto el morir es un acto que ya carece de importancia, porque en realidad nunca mueres del todo, y no es por tema de religiones ni mucho menos a donde quiero llegar, es basado en mis propias experiencias y en la práctica de la meditación.

Volviendo al presente, entiendes y comprendes muchas situaciones de tu vida, porque, siempre sin juzgar, sino simplemente como observador, te encuentras en un momento en el que eres completamente feliz, porque agudizas todos tus sentidos y dejas pasar los más de 50000 pensamientos diarios que pasan por tu cabeza.

Aceptando la realidad tal y como es, sin juicios, basada en tu propia experiencia del momento presente.

Aquí y ahora, que es donde siempre y en cada momento debemos estar, sin perdernos en el pasado que ya no existe y no se puede modificar y en el futuro que podemos crear desde el momento presente.

Soñar, tus metas, objetivos y retos personales... también lo haces en el momento presente, te lo cuento en el siguiente capítulo.

Te **resumo** lo más relevante del Aquí y ahora:

- Todo lo que hagas en tu vida tiene que ser el momento presente, hasta organizar o planificar una tarea la estás haciendo en el momento presente.

- Si practicas esta filosofía de vida, te ayudará a encontrar mucho más fácil tu **esencia**, puesto que la meditación te abre no solo al mundo espiritual sino también a la contemplación en ti mismo, y sentirás como, sin juicios, vas a ir obteniendo todas las respuestas que siempre has buscado en el en momento presente.

- En el presente, entiendes y comprendes muchas situaciones de tu vida, porque, siempre sin juzgar, y simplemente actuando como observador, te encuentras en un momento en el que eres completamente feliz.

MIS NOTAS SOBRE
"Aquí y ahora"

10.

Soñar

"Solo al soñar tenemos libertad,
siempre fue así y así será siempre"
Robin Williams.

El acto de soñar se define como imaginar cosas o sucesos que se perciben como reales mientras se duerme; también Imaginar, generalmente con placer, una cosa que es improbable que suceda, que difiere notablemente de la realidad existente o que solo existe en la mente, pero que pese a ello se persigue o se anhela.

Querido lector, soñar para mí es darle importancia o cierto grado de realidad a lo que sueñas, pero no durmiendo precisamente, despierto, meditando o siendo consciente.

Soñar es ponerte tus propios retos y ver cómo los vas alcanzando y superando pese a las circunstancias adversas que te vas encontrando en la vida.

Soñar es no desistir, no decaer, ser constante, ser un soñador de cosas reales y que tú puedes alcanzar.

Si eres soñador, estás vivo, es como el aire que entra en tus pulmones y te ayuda a respirar, tienes que verlo como un objetivo alcanzable que te mantiene siempre en alerta, pues ese sueño tienes que verlo realizado ya en tu mente, visualizarlo como que ya lo has logrado y verte ahí en ese momento de esplendor, agradeciendo al Universo por ello.

No te infravalores a la hora de soñar, sueña en grande, no hay límites en tus sueños, los límites los pones tú.

Te han limitado, te han dicho, desde tu familia, sociedad, religión, que soñar es algo utópico, que te centres y que sigas las reglas. Sigue tus propias reglas, que seas libre, que tengas libertad, eres un ser libre, has venido a brillar con luz propia, deja de seguir el molde y adéntrate en el mundo de la libertad.

Eres un alma libre y en este camino en el que estás buscando tu propia **esencia** tienes obligatoriamente y sin excusas que fijarte unos sueños, porque ese es tu verdadero propósito en la vida para alcanzar lo que en realidad quieres.

Soñar no significa que lo pienses y te quedes en el mundo del ensueño, baja ese sueño a la tierra, toma acción y plántale cara, anclate y fija tus pies firmemente a la tierra y avanza porque, si no, te vas a quedar, como decía al principio, en una cosa que es improbable que suceda.

Entonces, tú debes hacerlo probable y la manera es dándole realismo y viviendo ese sueño como si ya lo hubieras logrado.

No hay sueños imposibles, esas limitaciones están en tu mente que te detiene, todo es alcanzable si trabajamos en ello, si nos ponemos a ello sin ninguna excusa mental, si te implicas al cien por cien.

Lo vas a lograr, y esto es algo fundamental, en este punto del viaje que has emprendido conmigo, te invito a que reflexiones sobre esto, ya que es muy importante.

¿Quieres seguir llevando una vida lineal o quieres salirte del molde creado? La respuesta como siempre la tienes dentro de ti, y ya la sé, porque de lo contrario, no estarías leyendo este libro.

Eres un soñador, y tienes las mismas inquietudes que yo, por lo tanto, fíjate sueños y hazlos realidad, sí o sí. Es tu oxígeno de vida.

Te propongo que realices un ejercicio, apunta aquí todos los sueños que vas a conseguir en momento presente, como si ya lo hubieras conseguido.

Yo,_____ estoy realizando mis sueños

_____

_____

_____

_____

_____

_____

_____

_____

_____

Ahora visualiza esto todos los días de tu vida y siéntelo de forma real y no lo postergues más, tú decides tu libertad.

Esa libertad es lo que te va a convertir en ser tú mismo. Continuamos…

Puntos **principales** para un soñador:

- Soñar es ponerte tus propios retos y ver cómo los vas alcanzando y superando pese a las circunstancias adversas que te vas encontrando en la vida.

- Si eres soñador, estás vivo y es como el aire que entra en tus pulmones y te ayuda a respirar, tienes que verlo como un objetivo alcanzable que te mantiene siempre en alerta.

- Eres un alma libre, y en este camino en el que estás, buscando tu propia **esencia**, tienes obligatoriamente y sin excusas que fijarte unos sueños, porque ese es tu verdadero propósito en la vida para alcanzar lo que en realidad quieres.

MIS NOTAS SOBRE
"Soñar"

11.

Sé tú mismo

"Sé tu mismo, los demás puestos ya están ocupados"
Oscar Wilde

Eres un ser único, tu gen es único e irrepetible, no hay otro ser como tú, puede haber personas parecidas, hermanos gemelos, pero cada uno tiene un rasgo que lo caracteriza. Tú has nacido para tener tu propia **esencia** y mostrarla a la humanidad, por lo tanto, no debes copiar a nadie, no debes imitar a nadie, no debes ser como los demás, ya que cada uno brilla por sí mismo.

No provienes de un molde único, tienes tu propio don, tu **esencia** que te permite ser tú mismo.

Entonces, para conseguir ser tú mismo, primero debes conocerte más a ti mismo, indagar más en tu interior, conocerte, descubrir el potencial que está dentro de ti. Tu alma.

Si eres tú, en tu potencial máximo, ya no copiarás, sino que serás copiado, imitado, porque serás ejemplo a seguir, serás un buen referente para los demás porque no tienes que ser aceptado por nadie.

Eres libre de ser quien has venido a ser, libre de escoger el camino que quieras con tu propio rol y tu propia energía.

Eres como el amanecer de cada día, no hay un solo amanecer igual; eres diferente, especial, único y auténtico.

Eres una estrella que ha venido a brillar junto a más estrellas, pero todas no iluminan ni destacan de manera igual.

Sé tú mismo, porque la vida te lo debe, porque no tienes que entrar en el patrón de las creencias, porque no puedes copiar a alguien y luego brillar.

Sé tú mismo por tus seres queridos y por todas las personas con las que entres en contacto, porque verán en ti lo que a muchos de ellos les falta y por lo tanto serás un ejemplo a seguir.

Sé tú mismo por principios y por respeto a ti, porque te amas, porque eres amor.

Sé tú mismo, en cualquier circunstancia de la vida, en cualquier momento, en cada instante.

Sé tú mismo, aunque la vida te lleve por el camino de la angustia y la desesperación, con más razón, tienes que ser tú mismo.

Sé tú mismo por orgullo propio y por satisfacción personal.

Sé tú mismo por sentir lo que es ser uno mismo sin pedirle explicaciones a nadie, ni agradar, viviendo en completa libertad.

Porque, qué es la libertad sino el poder ser tú misma **esencia** sin tener que pedir permiso por ello a nadie.

Gracias por seguir siendo tú mismo, gracias por brillar. Y por ello te voy a regalar un abrazo muy fuerte.

Te **resumo** lo más destacado del capítulo.

- Eres un ser único, has nacido para tener tu propia **esencia** y mostrarla a la humanidad, por lo tanto, no debes copiar a nadie, no debes imitar a nadie.

- Eres libre de ser quien has venido a ser, libre de escoger el camino que quieras con tu propio rol y tu propia energía.

- Sé tú mismo, en cualquier circunstancia de la vida, en cualquier momento, en cada instante.

MIS NOTAS SOBRE
"Sé tú mismo"

12.

Regala abrazos

"Un día alguien te abrazará tan fuerte que todas tus piezas rotas volverán a unirse"

Anónimo.

El abrazo es el gesto del lenguaje corporal más placentero y con más beneficios que, a veces, muchas palabras.

Sentir a otra persona, corazón con corazón, es un acto de amor que deberías practicar mínimo 3 veces al día durante 1 minuto.

Está demostrado que abrazar libera endorfinas, incrementa tu confianza y seguridad, reduce los sentimientos de enfado y apatía, favorece la felicidad y mejora tu estado de ánimo, fortalece tu sistema inmunitario, reduce el riesgo de padecer demencia, rejuvenece tu cuerpo y disminuye la presión arterial.

No hay excusas, te toca regalar abrazos, porque si eres un ser que ha venido a buscar su propia **esencia**, tienes que conectar con los demás, con su alma, con su corazón, y qué mejor manera de hacerlo que por medio del contacto corporal, no son solo dos cuerpos que se unen, son dos seres de luz, dos almas que generan una explosión de amor.

Ese amor tan necesario del que hemos hablado anteriormente.

Amor incondicional, abraza desde la sinceridad, abraza como si no hubiera un mañana, abraza hasta que se estremezca el suelo donde pisas, abraza con el corazón, abraza con el alma, abraza con todo tu ser, abraza hasta que tu respiración forme parte de la otra persona, abraza hasta que haya sincronía en el latido del corazón, abraza sin pedir ni exigir nada de la otra persona, abraza con la mayor de las energías para que ese abrazo ocasione un gran impacto en todos.

Abrazar no cuesta nada y es la mejor manera de felicitar, de acompañar, de apoyar, de motivar, de vivir conectados, de una forma primitiva de protección.

Abraza sin motivo, sin esperar recompensa, de forma altruista.

Abraza porque, en el abrazo, se benefician los dos por igual, cuando es, por supuesto, desde el corazón.

Regala abrazos, querido lector, porque es la mejor forma de conectar con tu propia **esencia** divina. **REGALA ABRAZOS, REGALA AMOR.**

Ejercicio.

No te olvides de abrazar a partir de ahora, no solo a tus seres queridos sino también a tus compañeros de trabajo, a tus amigos, a desconocidos, si lo haces serás beneficiado y estarás más cerca de encontrar tu verdadera **esencia**.

Repaso de por qué abrazar.

- El abrazo es el gesto del lenguaje corporal más placentero y con más beneficios que, a veces, muchas palabras.

- No hay excusas, te toca regalar abrazos, porque si eres un ser que ha venido a buscar su propia **esencia**, tiene que conectar con los demás, con su alma.

- Abrazar no cuesta nada y es la mejor manera de felicitar, de acompañar, de apoyar, de motivar, de vivir conectados, de una forma primitiva de protección.

MIS NOTAS SOBRE
"Regala abrazos"

13.

Automasaje, mi regalo para ti

"Siente tu tacto, tu ternura, tu compasión, tu amor
a tí mismo antes que a nadie"

Abraham Portocarrero

Vamos a hacer un paréntesis en el libro, porque creo que es importante para ti que conozcas un poco el mundo de la terapia manual que es de donde vengo y así entiendas también un poco más la relación directa que tiene para conocerte a ti mismo.

El masaje es una terapia manual que trata de trabajar todo el sistema muscular, relajando posibles tensiones.

Se aplica desde hace miles de años y es el mejor contacto, de forma controlada, para paliar molestias o dolores físicos.

He querido introducir el automasaje en este libro porque pienso que te puede ayudar a la hora de trabajar tu autoestima y conocerte más físicamente a ti mismo.

Te lo voy a explicar de forma breve y entendible; hay muchas técnicas de masaje, pero voy a ser muy específico.

La sesión te llevará aproximadamente 5 minutos al día y estará compuesta por estiramientos, presiones y amasamientos.

¿Comenzamos?

Ponte de pie, lo más erguida posible. Haz tres respiraciones profundas con calma, despacio, sin prisas.

Siente tu cuerpo, desde los pies hasta la cabeza, siente el latido de tu corazón, respira.

Ahora estira tus brazos hacia arriba, como si quisieras tocar el cielo, estira todo lo que puedas, sin hacerte daño, y suelta, relaja y respira.

Gira la cabeza a la derecha, despacio, respira y vuelve a tu posición original.

Gira la cabeza a la izquierda, despacio, respira y vuelve a tu posición original.

Inclina la cabeza hacia delante, lentamente, respira y vuelve a tu posición original.

Ahora abrázate a ti mismo, entrelaza los brazos y te das un fuerte abrazo, suelta lentamente y respira.

Empieza presionando, lentamente, tu mano izquierda, pasando por todo el brazo, hombros cuello, respira.

Pasa a la mano derecha, pasando por todo el brazo, hombro, cuello, respira.

Ahora coge con tus dos manos y ponlas en jarra en tus glúteos y masajéalos con gran intensidad, respira.

Sube un poco más arriba, zona de la cintura, masajea suavemente, respira.

A continuación, vamos a abrir y cerrar la boca, lo más que puedas, respira.

Masajeamos suavemente la cara, empezando por toda la mandíbula, con las dos manos, pasando por la nariz, las sienes, la frente, el cuero cabelludo, lentamente y respira.

Espero haber captado tu atención y haber conseguido que hayas disfrutado de este regalo hacía ti, en realidad, yo solo te he guiado, regálatelo a diario y te sentirás mejor.

Si quieres ampliar esta ejercicio puedes visitar mi página web:**www.enbuscadetuesencia.com**

Hecha esta breve parada, si te parece, continuamos descubriendo y buscando tu verdadera **esencia**.

MIS NOTAS SOBRE
"Automasaje, mi regalo para ti"

14.

Autodisciplina.

"Somos el resultado de lo que hacemos repetidamente.
La excelencia entonces no es un acto, sino un hábito"

Aristóteles.

Si quieres algo ve a por ello, si quieres tener un hábito, tienes que trabajarlo a diario, no hay más ciencia en esto, querido lector.

La vida es el resultado de lo que hacemos por repetición, ya sean pensamientos, obra o por acción.

Autodisciplina significa trabajar por tus sueños pase lo que pase, sin excusas y sin condiciones.

La mente siempre te va a parar en aquello que quieras realizar, porque busca siempre la zona de confort para protegerte, de ti depende hacerle caso o no.

Ser autodisciplinado es comprometerte con tus sueños, con tu propósito sin reparos, tomar acción, sin ningún tipo de freno.

Debes ser una persona activa, tienes que parar los pensamientos limitantes, pasivos y protectores de tu mente.

La constancia diaria en un trabajo, eso es lo que te va a llevar a encontrar tu verdadera **esencia**.

Trabajando de forma repetida en algo es, por lo tanto, cómo se consigue la excelencia, sin fórmulas mágicas, constancia, empeño, dedicación, trabajo y acción te llevarán a la motivación adecuada para alcanzar todo lo que te propongas en la vida.

Si eres disciplinado, y lo mantienes por un tiempo, ya no podras tener poca disciplina o estar parado, porque por repetición tu mente asimilará que este es el ritmo que tiene que adoptar para vivir.

Entonces la vida no pasará por ti desapercibida, sino que disfrutarás del camino porque el ser disciplinado no significa cansancio, el ser disciplinado significa que nada te va a detener y menos estar cansado.

Muchas veces estás agotado y cansado por el día a día, trabajo, hijos, casa, y lo único que te apetece y desea tu mente es una cama, bien mullida, como la de Heidi, dormir 12 horas seguidas, con el susurro de los pájaros y sin que nadie ni nada te moleste. Pero, querido lector, esto es un gran ejemplo, precisamente de una persona indisciplinada e inactiva.

No te preocupes, ya tendrás tiempo de descansar cuando te mueras, en una confortable caja de madera bien mullida. Ahora lo que toca es decirle lo contrario a tu mente, porque si aplicas por repetición y constancia y eres disciplinado, mantendrás un nivel de energía por encima de la media, te lo garantizo.

Por lo tanto, no hay excusas, tú decides qué es lo que quieres, Energía y vitalidad o apatía y desolación.

Hazte cien por cien responsable de esto y tu vida y la de los de tu entorno cambiará, se volverán energéticos.

Dicho esto, no esperes más, coge lo que has dejado a medias y acábalo, coge lo que tenías pendiente y acábalo, coge tu vida y que nada ni nadie te pare y vuela bien alto.

Resumen para tener una vida disciplinada:

- Ser autodisciplinado es comprometerte con tus sueños, con tu propósito sin reparos, tomar acción, sin ningún tipo de freno.

- Debes de ser una persona activa, tienes que parar los pensamientos limitantes, pasivos y protectores de tu mente.

- La constancia diaria en un trabajo, eso es lo que te va a llevar a encontrar tu verdadera **esencia**.

- Por lo tanto, no hay excusas, tú decides qué es lo que quieres, Energía y vitalidad o apatía y desolación.

- Hazte cien por cien responsable de esto y tu vida y la de los de tu entorno cambiará, se volverán energéticos.

MIS NOTAS SOBRE
"Autodisciplina"

15.

Vuela bien alto

"Que nadie corte tus alas" vuela bien alto.

Hernán Sabio.

En la vida tienes que pensar en grande, si quieres seguir en el camino de tu propia **esencia**, brillando con luz propia y siendo único y diferente.

Para conseguir tus metas tienes que ver todo desde una perspectiva más elevada, destacando, siendo la mejor versión de ti mismo.

Solo hay una manera de ser feliz, ser auténtico, ser especial y es llegando primero que los demás y con disciplina a tus objetivos.

Si tienes mirada de águila, conseguirás lo que te propongas, porque no tendrás miedo de nada, no dudarás, ya que estás en la posición del cazador, no de la presa.

Volar alto significa que tienes que renunciar a ser mediocre y conformarte, renunciar a una vida de confort, lineal, sin emociones, carente de éxitos.

Es pasar de pensar en pequeño a pensar en grande, en que tú eres más fuerte que tus pensamientos, eres más grande que cualquier adversidad, que todo lo que pase por tu vida es un regalo que tienes que agradecer y disfrutar.

Se lo debes a la vida, pero principalmente te lo debes a ti, porque te mereces la mejor de las vidas, te mereces tener lo que buscas y lo que has venido a hacer y a aportar.

Desde arriba se ven las cosas desde una perspectiva mucho más global, ves que, en realidad, todo está bajo tu control, que tú eres el dueño de lo que te sucede y de todo lo que gira alrededor tuyo.

Eres el Alfa y el Omega de tu vida, pero te lo tienes que creer, tienes que vivirlo y ser consciente de ello.

Eres un Dios, lo que no has descubierto aún tu poder ilimitado, para ello tienes que tomar acción y ser una líder auténtico que domine las masas, no de forma autoritaria ni mucho menos, sino desde el ejemplo, con amor, practicando la gratitud y la compasión.

Si en realidad me crees en todo esto, te puedo augurar muchos milagros y éxitos en tu vida, porque esta pasará a un nivel superior, a una dimensión en la que todos tus deseos y anhelos se cumplirán, sí o sí.

Volar alto significa tener las mejores de las intenciones para los demás, y conlleva una gran responsabilidad, es servir a los demás.

Servir a los demás es la mejor manera de triunfar en tu vida, ya que si aportas y haces el bien con lo que quieras que decidas hacer, el Universo, Dios, te recompensará multiplicando tus beneficios.

"Manos que no dais qué esperáis" esto siempre lo decía mi abuelo.

Tienes que aprender a dar para recibir más bendiciones en tu vida, compruébalo y verás cómo suceden cosas totalmente extraordinarias.

Pero empieza, deja de lamentarte y hazlo ya, vuela lo más alto que puedas, que nada ni nadie corte tus alas y demuestra que puedes generar, desde esa posición, mucha luz a los demás.

Si estás en una posición elevada eres como el faro que ilumina y es guía para que los demás no se pierdan.

Volar alto también te dará libertad, te sentirás libre en todo momento, con una sensación de que desde arriba todo es mucho más fácil.

Ahora, depende de ti, si quieres seguir en la posición de la mayoría o quieres romper y destacar y subir y llegar hasta las estrellas al nivel de tu divina **esencia**.

Para conseguirlo tienes que liberar lastre, deshacerte de la carga y el peso, porque si no te costará más iniciar tu vuelo y no lo lograrás. Esa carga no es otra que la culpa, te lo explicaré a continuación, ¿me sigues?

Resumen de volar alto:

- Para conseguir tus metas tienes que ver todo desde una perspectiva más elevada, destacando, siendo la mejor versión de ti mismo.

- Volar alto significa que tienes que renunciar a ser mediocre y conformarte, renunciar a una vida de confort, lineal, sin emociones, carente de éxitos.

- Volar alto significa tener las mejores de las intenciones para los demás, y conlleva una gran responsabilidad, es servir a los demás.

MIS NOTAS SOBRE
"Vuela bien alto"

16.

Perdónate, perdónalos.

"El perdón es una decisión, no un sentimiento, porque cuando perdonamos no sentimos más la ofensa, no sentimos más rencor. Perdona que perdonando tendrás en paz tu alma y la tendrá el que te ofendió"

Madre Teresa de Calcuta.

Querido lector, hemos llegado a un proceso que es sin duda de los que más se nos suele resistir, perdonarte y perdonar. Jesús decía, que tire la primera piedra quien esté libre de pecados.

Seguro que has cometido errores en esta vida y, si pudieras, los enmendarías, ¿verdad? Pues tranquila déjame decirte que a partir de ya estás perdonado, estás absuelto de toda culpa, no porque yo tenga una autoridad especial suprema y universal, ni mucho menos, sino porque ya, aquí y ahora te vas a perdonar.

Te vas a perdonar porque no hay nada tan malo que hayas hecho en esta vida que no merezca tu perdón, necesitas perdonarte sí o sí.

Deja de tener ese sentimiento de culpa, sobre todo porque el pasado ya no existe, y depende única y exclusivamente de ti el que lo hagas, porque con este acto sucederán maravillas y milagros en tu vida y en la de las demás personas.

Haciendo esto, vivirás sin lastres ni cargas y tu mente ya no te podrá sabotear con esos sentimientos que no te dejan avanzar y encontrar tu verdadera **esencia**.

Es sumamente importante que lo hagas, te invito a que lo escribas, redactando una carta para ti y perdonándote de corazón.

Hazlo, si no, para, no sigas leyendo este libro, porque de todos los consejos que te he dado, este es el más importante para seguir avanzando y creciendo.

Le doy tanta importancia porque lo he comprobado, lo he vivido en mis propias carnes, y tienes que perdonarte primero a ti mismo ya que los beneficios son tan buenos que te liberarás.

Al perdonarte te sentirás más ligero, más libre, más focalizado con tu propósito, te sentirás con más autoestima, con mayor seguridad y confianza en ti mismo, te sentirás que pase lo que pase y cometas los errores que cometas, te lo vas a perdonar y por consiguiente no te detendrás ni perderás más el tiempo con ninguna clase de culpabilidad.

Es como si volvieras a nacer, como si te resetean y todo volviera a partir de cero eliminando esa culpa y sucesos de tu mente.

Ahora hazlo, no lo postergues y escríbelo ya y perdónate. Ya tienes las consecuencias de hacerlo y de no hacerlo. Tú decides.

Yo me perdono por:

_____

_____

_____

_____

_____

_____

_____

_____

_____

_____

_____

_____

_____

_____

_____

_____

_____

_____

_____

"Padre, perdónalos, porque no saben lo que hacen"

Jesús de Nazaret

Enhorabuena y me alegro por ti, es un gran paso, verás a partir de ahora suceder situaciones nuevas y positivas en tu vida.

Ahora toca perdonar a los que te hicieron daño, un amigo, un hermano, quizás tus padres, da igual quien haya sido y lo que hayan hecho y la gravedad de lo sucedido. Vas a perdonarles y decirles que les perdonas y que no le guardas ninguna clase de rencor, libérate también de este sentimiento hacia los demás, porque es un lastre que tampoco te dejará avanzar.

Perdonandolos, te sentirás mucho mejor. Hazlo ya, aquí y ahora, y escribe a todas las personas a las que quieras perdonar.

Yo,_____ perdono a _____por

_____

_____

_____

_____

_____
_____
_____
_____
_____
_____
_____
_____
_____
_____
_____
_____
_____
_____

Muy bien, si has llegado aquí, quiere decir que eres una persona muy valiente y te felicito por ello. Comprobarás cambios en tu vida.

Hemos hecho un viaje al pasado, perdonándote y perdonando, ahora toca crear y modificar tu propia realidad, vamos a por ello.

Puntos **importantes** del capítulo del perdón:

- Te vas a perdonar porque no hay nada tan malo que hayas hecho en esta vida que no merezca tu perdón, necesitas perdonarte sí o sí.

- Al perdonarte te sentirás más ligero, más libre, más focalizado con tu propósito, te sentirás con más autoestima, con mayor seguridad y confianza en ti mismo.

- Es como si volvieras a nacer, como si te resetean y todo volviera a partir de cero eliminando esa culpa y sucesos de tu mente.

MIS NOTAS SOBRE
"Perdónate, perdónalos"

17.

Crea tu propia realidad.

"La vida no trata de encontrarse a uno mismo sino de crearse a uno mismo"

George Bernard Shaw

Estimado lector, te invito a que prestes atención, aquí, ahora, en este preciso momento y que pienses y reflexiones si lo que ves en tu vida y lo que gira alrededor de la misma te gusta; sé lo más sincero posible.

Por normal general estamos buscando siempre algo más, sientes esa necesidad de que algo falta en tu vida, algo se te escapa y no sabes lo que es, en realidad, está ahí, siempre ha estado ahí, pero te da pereza descubrirlo y ponerte a ello.

Cuando pasas de estar en tu interior, de conocerte y amarte más que a nadie en este mundo pasas a un siguiente estado en el que te dices ya no sé qué hacer, me quiero, me acepto, sirvo a los demás, pero sigues teniendo problemas con los demás aunque ahora lidies mejor y aprendas de los mismos, sigues teniendo conflictos con tu propósito, aunque ayudes a los demás, visualices, vibres en positivo,… y llega el momento del bloqueo, ni para adelante ni para atrás.

Es entonces cuando tienes que tomar más acción. Esto es una señal de que estás en el camino de que aparezcan milagros y cosas y acontecimientos positivos en tu vida, estás a punto de un nuevo amanecer, y la pregunta que te estarás haciendo es ¿cómo consigo salir de ese punto y llegar a alcanzar mi **esencia**?

Pues tan fácil y sencillo como saber que eres solo tú el que creas tu propia realidad, sabiendo esto y aplicándolo te aseguro que saldrás de ese atolladero mental.

Eres el creador de tu propia realidad porque eres libre, y con lo que hemos hablado anteriormente, con el poder de la palabra, la energía, el amor, la gratitud, el disfrutarlo en el momento presente, soñando, con autodisciplina... tienes suficientes herramientas como para crear un hábito y una rutina a tu alrededor, por lo tanto, tienes el poder de cambiar y crear la realidad que tú quieres, que a ti más te guste, eres el creador, tú solo, nadie más interfiere por ti.

Tu vida gira en torno a ti y a todas las personas con las que entres en contacto y situaciones que vivas, son fruto de lo que hayas pensado y por lo tanto hayas atraído a tu vida, así de sencillo. No hay más explicación, tú atraes todo lo que te sucede en la vida. Si entiendes esto ya no te podrás quejar jamás y actuar como víctima culpando a los demás, al universo, Dios, o quien tú quieras que sea, de lo que te ocurre.

Siempre eres tú. Por eso te explicaba en otro capítulo el poder que tenía la palabra, somos lo que decimos, por lo tanto, somos nuestra propia realidad; si decimos cosas negativas, estamos en una realidad negativa, si decimos y hablamos en positivo, nuestra realidad será completamente positiva.

¿No te ha pasado que estás en el trabajo o en cualquier sitio y entras a un lugar en el que saldrías corriendo de ahí? Porque son las personas las que están creando su propia realidad con comentarios, seguramente tóxicos y eso se impregna en el entorno, creando una vibración baja y muy poco agradable.

Esto quiere decir que, a partir de ahora, cuida tus palabras, ojo con la queja y el victimismo gratuito porque de ello dependerá la realidad que estarás creando a tu alrededor.

Entonces créate de nuevo a ti mismo todos los días, créate la realidad que quieres para hoy, qué quieres ser, qué quieres hacer, a dónde quieres ir, cómo quieres estar, con quién o quienes la quieres compartir.

Es como si tuvieras unas instrucciones, un manual, que nadie antes te ha explicado cómo funcionaba, pero ahora ya sabes cómo y descubres el gran secreto, que no es otro que el de renacer y crear de nuevo una gran realidad todos y cada uno de los días de tu vida.

Una manera de conseguir crear tu propia realidad es poniéndole una dosis de pasión a todo lo que hagas en tu vida.

Resumen de cómo crear tu propia realidad.

- Tienes el poder de cambiar y crear la realidad que tú quieres, que a ti más te guste, eres el creador, tú solo, nadie más interfiere por ti.

- A partir de ahora, cuida tus palabras, ojo con la queja y el victimismo gratuito porque de ello dependerá la realidad que estarás creando a tu alrededor.

- Entonces créate de nuevo a ti mismo todos los días, créate la realidad que quieres para hoy, qué quieres ser, qué quieres hacer, a dónde quieres ir, cómo quieres estar, con quién o quienes la quieres compartir.

MIS NOTAS SOBRE
"Crea tu propia realidad"

18.

Con pasión es mejor

"Sólo te cansará aquello que no disfrutes.
Sólo te cansará aquello donde no le pongas pasión.
Sólo os cansará aquello donde hagáis algo que no os
llena. Por eso, con la poca vida que os queda hacer
cosas que os apasionen, no vendáis
vuestra vida, no vale la pena."

Emilio Duró

Estimado lector, a continuación, vamos a hablar de una de las emociones más importante para conseguir tu propósito en esta vida, tu **esencia**, y esta no es otra que la pasión.

La pasión es una emoción que, por lo intensa que es, no la disfrutamos, muchas veces, por un tiempo prolongado, por lo que a continuación te detallo las claves para revertir esta situación.

Es muy importante lo que te voy a decir, tienes que ver más allá, tienes que captar el mensaje para luego aplicarlo en tu vida, en el día a día.

En primer lugar, tienes que hacerte una serie de preguntas y contestarlas con la mayor sinceridad posible hacia ti.

¿Eres Feliz en el lugar donde te encuentras?

Si respondes NO ¿por qué?

_____

¿Tienes Pasión por el trabajo que haces?

Si respondes NO ¿por qué?

_____

¿Estás dispuesto a cambiar ahora mismo de trabajo, por uno en el que te sientas con más Pasión?

Si respondes No ¿por qué?

_____

Con estas preguntas, lo único que pretendo es removerte un poco por dentro, plantearte que, si sigues en un trabajo, haciendo lo que haces, sin pasión y sin ilusión, acabarás vendiendo tu alma al diablo, como se suele decir. Porque lo único que te tiene que mover cada mañana para levantarte de tu cama son las ganas, la energía y la pasión por ir a tu trabajo y hacer lo que estás haciendo para ti y para los demás.

No te mereces ser un robot, caer en la rutina, en la apatía, en la obligación de hacer algo que no te gusta; por lo tanto, querido, déjame decirte algo que sé que te va a doler.

Si no eres Feliz y no tienes Pasión por tu trabajo déjalo, busca alternativa, dile a tu mente que no pasa nada, que no hay miedos, que no hay por qué preocuparse, que la vida son momentos y esos momentos hay que vivirlos con gran intensidad.

Que hemos venido a vivir y hacer lo que nos gusta, no lo que le gusta a los demás o a la sociedad que hagamos por creencias de tener un salario, casa, coche, familia, vacaciones,... estas cosas nos las han impuesto, por eso te pido que te remuevas, que te lances, que te tires a la aventura de la vida y explores más allá del conformismo, que vivas cada aliento de tu vida con auténtica y pura pasión.

Sal ya de esa tediosa zona de confort y ponte de una vez por todas a buscar esa divina **esencia** que te va a mover a ti y va a mover al mundo, descúbrela, descúbrete, sal ya, es ahora o nunca.

Pero todo esto depende de ti, ponle pasión y sé la arquitecto de tu vida en todo lo que emprendas y verás cómo contagias al mundo con tu don.

Sé firme en todo esto y te auguro la mayor de las bendiciones, sé firme y podrás ser tú mismo y contagiar al resto de personas tu pasión por el buen hacer de las cosas.

Entonces tu trabajo no lo verás como un trabajo, como una obligación, como una carga porque te preguntarán, ¿y de qué trabajas tú? Y responderás, Yo trabajo en la vida, con pasión y ofreciendo amor a los demás.

Y la pasión no la aplicamos solo al trabajo, también podemos contagiar a todas las personas que nos rodean, familia, amigos, compañeros de trabajo,... por eso, la pasión conlleva una gran dosis de motivación, te lo cuento a continuación, ¿me sigues?

Resumen de una vida con Pasión:

- La pasión es una emoción que, por lo intensante que es, no la disfrutamos, muchas veces, por un tiempo prolongado.

- Sal ya de esa tediosa zona de confort y ponte de una vez por todas a buscar esa divina **esencia** que te va a mover a ti y va a mover al mundo, descúbrela, descúbrete, sal ya, es ahora o nunca.

- Ponle pasión y sé la arquitecto de tu vida en todo lo que emprendas y verás cómo contagiar al mundo con tu don.

MIS NOTAS SOBRE
"Con pasión mejor"

19.

Motívate

"La mejor motivación proviene siempre del interior"
Michael Johnson

La motivación es algo que deberías llevar de forma intrínseca en tu vida, como una herramienta más para poder alcanzar tus metas u objetivos.

Pero no todo el mundo tiene la capacidad para motivarse y para motivar a los demás, no todo el mundo es un guía, un líder que contagia a los demás.

No todo el mundo quiere asumir este rol, sobre todo porque ser un gran motivador significa que primero tienes que motivarte mucho a ti mismo.

Motivarte no significa que un día tengas un cierto grado de entusiasmo por hacer una actividad, no es así de simple, tienes que implicarte en todo momento, tomando acción y siendo responsable de todos tus actos, pero siempre focalizados desde un punto de vista en el que te llenes de energía, a pesar de las circunstancias.

El motivarte por cosas tan simples que haces a diario, como por ejemplo, levantarte e ir a caminar, es un acto que requiere de una cierta dosis de motivación, solo por el hecho que supone el levantarte y madrugar, cambiar tu comodidad, por ponerte incómodo, esa es la base de la motivación, puesto que tu mente te la jugará y te dirá; con lo buena que está la cama, un ratito más y luego voy, luego lo hago, esto significa que nunca vas a ir y nunca lo harás.

La motivación está en tu interior porque es donde residen las emociones y, como hablamos antes, la pasión genera una motivación extra y añadida a cada acción que tomes.

La motivación no reside por un largo periodo de tiempo en nuestra mente, pero podemos cambiar todos esos pensamientos negativos a positivos solo con nuestra actitud.

Todo depende de cómo afrontes el día a día, si quieres estar en el papel de víctima, quejándote y afligiéndote, dándole más poder a pensamientos derrotistas y que no te dejan crecer y seguir adelante o por el contrario te llenas de valor, coges las riendas de tu vida, apagas esos pensamientos limitantes y te enfocas solo y únicamente en todo lo bueno y positivo que tiene tu vida, que lo hay y mucho, además.

Solo tienes que ver un poco más allá, siendo tú mismo, con tu propia **esencia**. Solo hay dos opciones posibles, hacerle caso a tu mente, que te limita o hacerle caso a tu corazón.

Pregúntale entonces a tu corazón y ahí hallarás todas tus respuestas. Desde ahí podrás motivarte, desde ese momento te podrás motivar a ti y motivar a los demás porque no estarás condicionado, ¿entiendes lo que digo?

La motivación es cien por cien actitud, ante los retos que te presenta la vida, ante los desafíos, los problemas, las circunstancias. Eso es ser motivador, ver siempre la cara amable de las cosas y cuando son grises, le das el color, el brillo, la luz, la energía que has venido a traer a los demás y a contagiar.

Motívate y el motivar a los demás te saldrá innato, los demás verán algo en ti y te seguirán y te lo agradecerán. Entonces Dios, el universo, la fuente, o energía, te mostrará el verdadero camino para encontrar tu anhelada **esencia**.

Como habrás comprobado a lo largo de la lectura hablo de Dios, energía, Universo,... a continuación, te explico el concepto, más allá de creencias o religiones.

Resumen para Motivarte y Motivar.

- La motivación es algo que deberías llevar de forma intrínseca en tu vida, como una herramienta más para poder alcanzar tus metas u objetivos.

- La motivación está en tu interior porque es donde residen las emociones y poniendo pasión a lo que hacemos generará una motivación extra y añadida a cada acción que tomes.

- La motivación es cien por cien actitud ante los retos que te presenta vida, ante los desafíos, los problemas y las circunstancias.

MIS NOTAS SOBRE
"Motívate"

20.

¿Dónde está Dios?

*"Dios no tiene derecha ni izquierda, ni se mueve ni
está parado, ni se halla en un lugar, sino que
es absolutamente infinito y contiene en
sí todas las perfecciones"*

Baruch Spinoza

Dios, el universo, inteligencia infinita, divinidad, energía, fuente, te he nombrado estos conceptos a lo largo del libro y creo que es el momento de darte mi percepción de lo que yo llamo Dios.

A partir de ahora te lo describiré como Dios y más adelante te explicaré el por qué, pero tú ponle el nombre que quieras.

Mi vida ha estado cargada de imposiciones religiosas, cristiana en mi caso, y no voy a entrar en la crítica a la Iglesia, ni a otras religiones, ni mucho menos quiero gastar mi energía ahí, al contrario, lo que pretendo es darte mi visión de lo que significa para mí Dios.

Las creencias, impuestas normalmente por la familia y la sociedad con la que te rodeas condicionan. Cuando vas tomando consciencia, dudas y te haces un poco escéptico, y dejas esa parte más espiritual de lado, pero algo te dice dentro de ti que es solo temporal.

Empiezas comprobando que la vida no es solo esto, que hay algo que va más allá de la explicación con palabras, que sientes una energía, una vibración que lo mueve todo y que está en todo.

Científicamente hemos estado empeñados en mirar al cielo, al universo e investigar cuál es nuestro origen, cuál es nuestra raíz y dónde está, quiénes somos y cómo nos hemos formado desde una simple célula, es decir, de la nada.

Y lo hemos olvidado, hemos olvidado que Dios está en todos los seres vivos, en todas las cosas, en todos nosotros, está en ti, en tu interior.

"Somos Dioses lo que lo hemos olvidado" decía Jesús de Nazaret.

Ya no busques más afuera, querido lector, Dios vive, y vive en ti, en cada célula de tu cuerpo, por lo tanto, si está en ti, Tú eres Dios, eres la energía que mueve al mundo y si entiendes y comprendes esto ya no tienes que buscar afuera porque ya lo tienes dentro, y existe una conexión con los otros seres y cosas porque ahí están también.

Si todos lo viéramos así, el amor y la compasión sería tan grande y potente que moveríamos entre todos el mundo.

El principal problema es que nos han hecho creer que Dios es malo, que hay pecados, que castiga, que es mucho más grande que todo. Y esto nos ha condicionado, por lo tanto, lo hemos olvidado.

Si tú sabes que eres Dios y tienes capacidades increíbles dentro de ti, ya tienes todas las respuestas para afrontar cualquier problema en tu vida.

Con ese poder te invito a que hables contigo mismo todos los días, por medio de la meditación, sumamente importante, porque ahí es donde vas a conectar más contigo mismo, es decir, con la fuente, con Dios, y te va a ayudar.

Esto no es otra cosa que un acto de Fe, fe en ti mismo, en que si eres Dios vas a conseguir todo, pero no solo con fe lo lograrás y es tomando acción como verás maravillas en tu vida y la de los demás.

Y te preguntarás si somos todos Dioses por qué existen personas malas, que son despiadados y matan, roban, ...

Porque no han encontrado ese Dios, pero él reside en todas y cada una de las personas, los que siguen buscando afuera, en vez de ver en su interior, por esto mismo querido lector, mi propósito con este libro es que despierte a más personas, para que encuentren en sí mismo ese reducto de paz, amor y compasión y así hacer un mundo mejor, sin guerras ni envidias inútiles. Pregúntale, siempre tendrá la mejor respuesta, desde el amor y practica la compasión.

Te **resumo** los puntos principales de dónde reside Dios

- Hemos olvidado que Dios está en todos los seres vivos, en todas las cosas, en todos nosotros, está en ti, en tu interior.

- Si tú sabes que eres Dios y tienes capacidades increíbles dentro de ti ya tienes todas las respuestas para afrontar cualquier problema en tu vida.

- Esto no es otra cosa que un acto de Fe, fe en ti mismo, en que si eres Dios vas a conseguir todo, pero no solo con fe lo lograrás y es tomando acción como verás maravillas en tu vida y la de los demás.

MIS NOTAS SOBRE
"¿Dónde está Dios?"

21.

Trabaja la compasión.

"Si quieres que otros sean felices, practica la compasión, si quieres ser feliz practica la compasión"

Dalai Lama

¿Qué es la compasión? La compasión es la mente que siente aprecio por los demás y desea liberarlos de su sufrimiento.

Normalmente es nuestro egoísmo el que pretende por apego el liberar del sufrimiento a un ser querido, familiar o amigo por el simple hecho de que esa persona vuelva a la normalidad y se sienta bien lo antes posible.

No pasa lo mismo o no deseamos nada de compasión por las personas que no nos caen en gracia o con las que tenemos algún conflicto, o con personas desconocidas, al contrario, existe un gran desprecio hacia ellas.

La verdadera compasión es abrazar a todas las personas por igual, es dar ese afecto a todas sin excepción, es estar conectados con todas las personas, sin importar su ideología, sexo o religión.

Ese es el trabajo que tenemos que tomar para con los demás, es un trabajo que no muchos pueden hacer, solo los que están dispuestos a alcanzar la verdadera felicidad, pues tras este ejercicio de bondad se esconde el mayor de los tesoros a nivel personal.

Sin juzgar, sin criticar, siendo compasivo con todas las personas por igual y esto se consigue dando amor a los demás.

Un amor incondicional, sin ningún tipo de restricciones, sin ningún tipo de resistencias.

Un verdadero amor hacia los demás. Sin mentiras ni peleas ni disputas innecesarias.

Todo esto te dará y te traerá la mayor de las bendiciones a tu vida, colmada de éxitos personales, porque no hay mayor gratitud que dar amor, paz y bondad a los demás sin ningún tipo de condiciones.

Somos seres bondadosos por naturaleza y queda reflejado cuando pasa algún tipo de desgracia en la vida, salimos el conjunto a revelarnos con verdadera unión y compasión.

Es por ello que al practicar esta clase de compasión serán contagiados por este acto la mayoría de las personas y, cuantos más, mejor.

Por lo tanto, querido lector, te pido que lo apliques en tu vida ya que te dará unos frutos y una recompensa que será mucho más grande y multiplicando sus beneficios en ti y en los que te rodean.

Trabaja la compasión y trabajarás el arte de hacer felices a los demás ayudándote a encontrar tu **esencia**.

Trabaja todos los días para mejorar la vida de las personas que te rodean con auténtica compasión, te invito por ello a que al finalizar el día apuntes a cuantas personas has sido capaz de tratar con la misma compasión, no solo a los cercanos y familiares sino a desconocidos, es un gran reto ¿lo haces?

Una condición imprescindible junto con la compasión es el humor, la vida tomada desde el punto de vista del humor es mucho más divertida y amena, te lo cuento a continuación.

Resumen trabajando una vida con Compasión.

- La verdadera compasión es abrazar a todas las personas por igual, es dar ese afecto a todas sin excepción, es estar conectados con todas las personas, sin importar su ideología, sexo o religión.

- Todo esto te dará y te traerá la mayor de las bendiciones a tu vida, colmada de éxitos personales, porque no hay mayor gratitud que dar amor, paz y bondad a los demás sin ningún tipo de condiciones.

- Trabaja la compasión y trabajarás el arte de hacer felices a los demás ayudándote a encontrar tu **esencia**.

MIS NOTAS SOBRE
"Trabaja la compasión"

22.

Con humor la vida sabe mejor

"A fin de cuentas, todo es un chiste."
Charles Chaplin.

El humor es una de las mejores capacidades que tiene el ser humano. Te puede resultar de gran ayuda en los momentos más duros de la vida y es capaz de alegrarnos el día a día.

Para algunos, el humor es la mayor muestra de inteligencia que existe.

Por eso, tienes que reírte y tomarte todo con gran humor porque de esta manera perderás la importancia y la seriedad que nos han inculcado nuestros padres y a su vez sus padres de que la vida es triste y seria, pues no, la vida hay que vivirla con humor.

Tienes que bromear, cuidado con ser demasiado sarcástico, bromear no significa burlarse de otros y faltar el respeto, significa burlarse de uno mismo y sacar nuestra versión más cómica y con naturalidad, hablar y generar confianza en los demás que es una de las consecuencias del humor.

No hace falta ser humorista y dedicarte a ello de forma profesional, no digo que ese no sea tu camino, o si, si tú lo eliges y es tu don, me refiero a que tienes que ser tú mismo, con desparpajo, con ilusión y es una gran forma de motivarte y motivar a los demás, quitando peso de situaciones y acciones complicadas de la vida.

Con humor, la vida te sonríe porque hay más luz en tu rostro y desprendes esa luz que contagias al resto de personas.

La risa es la capacidad que tenemos de desahogarnos y liberarnos de los miedos y las emociones negativas, es una forma de despojarte de las cargas del día.

Se dice que debemos de reírnos a carcajadas por lo menos una vez al día para sentirnos libres, por lo tanto, te invito a que te rías, sin motivo alguno, que practiques el humor como filosofía de vida, que sustituyas las quejas, angustias y penas por un toque de humor; ya verás que cada vez que te encuentres con una situación desagradable vas a tirar de la herramienta del humor para paliar la misma.

Te animo a que lo lleves a la práctica con este ejercicio, puede ser en tu casa, en el trabajo o donde tú quieras. Te parecerá una tontería pero te aseguro que te va a ayudar.

Empieza a reírte así durante 10 segundos con cada uno.

JA JA JA JA JA JA JA JA JA JA....

JE JE JE JE JE JE JE JE JE JE,..

JI JI JI JI JI JI JI JI JI JI JI JI JI JI ....

JO JO JO JO JO JO JO JO JO JO ....

JU JU JU JU JU JU JU JU JU JU ...

Y repítelo las veces que haga falta hasta que te salgan las lágrimas.

¿Te sientes mejor?

Este es el momento, ahí es donde tienes que llegar para sentirte mejor.

Hazlo todos los días de tu vida. Lo agradecerás, como un niño; a continuación, te explico cómo ver la vida con ojos de niño. ¿jugamos?

Resumen de una vida con humor.

- El humor es una de las mejores capacidades que tiene el ser humano. Te puede resultar de gran ayuda en los momentos más duro de la vida y es capaz de alegrarnos el día a día.

- La risa es la capacidad que tenemos de desahogarnos y liberarnos de los miedos y las emociones negativas, es una forma de despojarte de las cargas del día.

- Se dice que debemos de reírnos a carcajadas por lo menos una vez al día para sentirnos libres; por lo tanto, te invito a que te rías, sin motivo alguno, que practiques el humor como filosofía de vida.

MIS NOTAS SOBRE
"Con humor la vida sabe mejor"

23.

La vida con ojos de niño

"Si pudiéramos ver el mundo con los ojos de un niño, veríamos la magia en todo"

Anónimo.

Estimado lector, te invito a cambiar las gafas con las que ves tu vida ahora mismo porque nos vamos a adentrar en el mundo de los niños, de la fantasía, donde todo es posible y los sueños se cumplen. ¿Preparado? Vamos allá.

Imagina que eres tú, un niño con 10 años, estás aquí en el presente y ves todo lo que te rodea, por supuesto no tienes trabajo, tienes un lugar donde jugar, no tienes el concepto de propiedad, casa y la responsabilidad de tener hijos, tienes un lugar, que se llama tu mundo, donde puedes compartir con la familia, amigos y donde todos tus deseos se hacen realidad.

Ese mundo es tuyo porque consigues todo lo que te propones ¿que quieres hacer algo?, lo único que tienes que hacer es pedirlo, ¿a quién? Pues a tus padres, a esas personas cuyo amor incondicional hacia a ti les puede.

Primero pon cara de pena y pide, que te dicen que no, usa la estrategia de la repetición hasta que se cansen y por agotamiento mental cedan, que no funciona, pasas a llorar y a gritar más fuerte. Si aún esta prueba la superan significa que tienes que empezar a actuar, que te duele la tripa, que estás enfermo y que te sientes triste por no tener lo que quieres. Y si ni por todas te lo conceden, pues vas y repites desde el principio así hasta que tú ganes.

Esta situación puedes trasladarla al día de hoy, en el presente con la edad actual y la enseñanza de tu niño interior es:

Si quieres hacer algo, la actitud que tienes que tomar son estrategias para conseguirlo sí o sí. Por lo tanto, si quieres algo te enfocas en ello y como si tienes que "patalear" como si tienes que repetírtelo a diario hasta cansarte, como si tienes que gritarlo a los cuatro vientos, como si tienes que usar y repetir con emociones para que lo entiendas, y así una y otra vez, tarde o temprano el universo, solo por pesado te lo va a conceder. Pero tienes que coger esa energía y esa actitud de niño, si no, vas a acabar desistiendo.

Vuelve a los 10 años, ahora estás en el mundo de la fantasía, en el que estás jugando y tu vida carece de preocupaciones, porque todo es alegría y todo es bueno en ese mundo, no hay nada por lo que preocuparse porque tienes unos poderes mágicos que te hacen inmune a cualquiera que quiera entrar en tu mundo y romper esa estabilidad.

Traducido este ejemplo a la realidad es que tienes que vivir y hacer de tu vida un mundo lleno de posibilidades, un mundo donde tú tienes el poder de decidir si te preocupas o eres feliz, un mundo donde tú eres el principal protagonista y por lo tanto no hay nada ni nadie que te pueda desestabilizar porque tienes tanto poder en tu interior que eres inmune a cualquier anomalía.

En resumen, tienes que ver desde la perspectiva de tu niño interior, siempre, porque es desde ahí donde vas a comprobar lo divertida que es la vida.

Actuar como un niño te va a dar una visión menos exigente de tus metas y expectativas, vas a quitarle importancia a las cosas por lo que podrás hacer lo que te propongas.

Vive como un niño, siente como un niño, ama con un niño, sin condiciones.

Un niño que no han condicionado por creencias de nadie ni contaminado por cosas del exterior.

Un niño libre, pura y con verdadera **esencia**.

Resumen de ver con ojos de niño.

- Tienes que ver desde la perspectiva de tu niño interior, siempre, porque es desde ahí donde vas a comprobar lo divertida que es la vida.

- Actuar como un niño te va a dar una visión menos exigente de tus metas y expectativas, vas a quitarle importancia a las cosas por lo que podrás hacer lo que te propongas.

- Un niño libre, pura y con verdadera **esencia**

MIS NOTAS SOBRE
"La vida con ojos de niño"

24.

Disfruta del camino.

"Concéntrate en el viaje, no en el destino.
La alegría no se encuentra en el final de
una actividad sino en el camino"

Greg Anderson.

Cuando emprendes una aventura, un propósito, un anhelo en tu vida, te enfocas en conseguirlo al máximo, no está mal perseguir tus sueños y enfocarte en el resultado, pero es muy importante que no te olvides del camino que estás recorriendo, las emociones que estás sintiendo, las alegrías, los fracasos, que también se aprende de ellos, porque es eso lo que determina la gran incógnita de la vida, es ahí donde de verdad reside la llamada felicidad.

Cuando logras tu propósito, tus metas, que no tu **esencia**, te sientes eufórico, te sientes radiante, te sientes pletórico, pero créeme, y por experiencia te lo digo, todo eso pasa, y vuelves a tu estado normal más pronto que tarde, con esto no pretendo desmotivar y no quiero decir que, como dije anteriormente, persigas tus sueños, pero no es nada contradictorio saber que sí debes disfrutar y pararte a contemplar el viaje porque sucede en el momento presente, lo demás no existe, solo es futuro incierto.

Por eso te decía que es importante disfrutar del momento presente, disfrutar de cada día que pasa, disfrutar de la compañía de las personas con las que estás, analizar cada detalle y ser consciente de la realidad y de lo que estás haciendo y diciendo en ese preciso momento.

La vida es un abrir y cerrar de ojos, pasa por delante de nosotros sin darnos cuenta, disfruta ya, vive aquí y toma acción y responsabilízate de tus actos ya, el camino es la clave, el camino es la salvación, el camino es la respuesta a todas tus preguntas que tienen que ver con el futuro.

Caminando vas a ir labrando y haciendo tu propio camino, el destino es algo muy incierto y abstracto que solo depende de ti mismo, por lo tanto, camina, respira, relájate y observa.

Sé observador y detente a disfrutar de las maravillas que te rodean en este viaje, tan corto, llamado vida.

Toma consciencia del momento presente y disfruta del viaje, quizás nunca llegues a tu destino, quizás nunca llegues a puerto, quizás nunca alcances tu propósito, pero aun así habrás disfrutado de lo mejor de todo y habrás descubierto que no importa que la felicidad que te ha dado lo que has visto en el camino es mucho mayor y entonces llegas a tu propósito, a la meta y al destino porque estos no son más que el propio camino.

Querido, te emplazo a que no desistas de tus propósitos y objetivos, porque ellos te mantienen con vida, pero nunca olvides que es disfrutando del camino, y esto es sumamente importante, donde más vas a aprender y crecer.

Camina, siempre camina, ya que el movimiento es salud, y todo en este mundo está en constante movimiento.

Resumen disfruta del camino.

- No te olvides del camino que estás recorriendo, las emociones que estás sintiendo, las alegrías, los fracasos, que también puedes aprender de ellos, porque es eso lo que determina la gran incógnita de la vida, es ahí donde de verdad reside la llamada felicidad.

- La vida es un abrir y cerrar de ojos, pasa por delante de nosotros sin darnos cuenta, disfruta ya, vive aquí y toma acción y responsabilízate de tus actos ya, el camino es la clave, el camino es la salvación, el camino es la respuesta a todas tus preguntas que tienen que ver con el futuro.

- Sé observador y detente a disfrutar de las maravillas que te rodean en este viaje, tan corto, llamado vida.

MIS NOTAS SOBRE
"Disfruta del camino"

25.

El movimiento es Salud

"El movimiento es causa de toda la vida"
Leonardo Da Vinci

El movimiento es la acción y efecto de mover o moverse. En la física, es considerado como el cambio de posición que experimenta un cuerpo u objeto con respecto a un punto de referencia en un tiempo determinado.

En la medicina se refiere al movimiento que realiza el cuerpo, puede ser movimiento voluntario, se produce sólo cuando uno quiere (correr, saltar, tomar un objeto, etc.) y movimiento involuntario, se produce sin que uno pueda controlarlo (corazón latiendo, parpadear, etc.).

El movimiento está presente en todas las cosas y en todo lo que suponga una acción, por lo tanto, si quieres emprender y hacer algo en tu vida tienes que tomar acción, tienes que moverte.

Una de las cosas que he observado, tanto en mí, como en mis pacientes, es que el movimiento, por ejemplo, de una articulación, es básico a la hora de poder realizar cualquier tipo de acción, incluso si queremos rehabilitar o acondicionar una parte del cuerpo que está lesionada.

Por lo tanto y sabiendo todo esto lo trasladamos al tema que te compete y te digo querido que te muevas, que, aunque lo veas como algo tan simple y básico, es muy importante que tomes consciencia de que, si te quedas quieta, nada ni nadie va a venir y va a hacer lo que quieras hacer por ti.

Observa el gesto de un perro cuando sale de su caseta después de dormir. ¿Qué es lo primero que hace? Estirarse lo más que puede y moverse.

Pues eso es lo que tú tienes que hacer como ser humano, estírate todo lo que puedas, cuida tu cuerpo, haz ejercicio, muévete y levántate del sillón, no te pongas cómodo, ponte a trabajar en ti, en tus movimientos, sal a la calle, disfruta del regalo que te trajo hoy la vida, camina, salta, baila, sube montañas, nada en la playa, conecta contigo mismo.

Todo es movimiento y esto trae consecuencias saludables y por repetición las impondrás como algo innato en tu vida.

Sal de la zona cómoda de confort y aventúrate a una vida en movimiento pues la recompensa es mucho mayor de la que tú te crees. Tendrás una mente más clara y positiva, tu actitud ante las cosas cambiará, tus emociones se verán reforzadas, todo esto porque simplemente has hecho algo muy básico, moverte, porque no hemos sido diseñados para quedarnos quietos y estáticos.

El movimiento lo ves, por ejemplo, en disciplinas orientales como el Tai-chi, el yoga, y estas disciplinas están completamente conectadas con el movimiento y con la energía que movemos al realizar y combinarlos con la respiración.

Abre los ojos, agradece por el nuevo día, es un regalo, estírate lo más que puedas, bebe agua, sal a caminar y contemplar el amanecer. Esa es la rutina que yo hago todos los días, sin excusas y te aseguro que ya no lo puedes dejar porque los beneficios son mayores que el trabajo de hacerlo. Muévete, hazlo, hazlo ya, tu **esencia** te está esperando.

Resumen de una vida en movimiento:

- El movimiento está presente en todas las cosas y en todo lo que suponga una acción, por lo tanto, si quieres emprender y hacer algo en tu vida tienes que tomar acción, tienes que moverte.

- Todo es movimiento y esto trae consecuencias saludables y por repetición las impondrás como algo innato en tu vida.

- Sal de la zona cómoda de confort y aventúrate a una vida en movimiento pues la recompensa es mucho mayor de la que tú te crees.

MIS NOTAS SOBRE
"El movimiento es salud"

26.

Eres hermosa

"Eres una mujer hermosa, mereces una vida hermosa"
Robert Pattinson

Querida lectora, este capitulo va dedicado a tí como mujer, lo que no significa que un hombre no lo pueda leer y ayudarse de lo que aquí escribo, que es mi principal intención.

Te he llamado querida hasta ahora, llevamos ya un tiempo conociéndonos por lo que me voy a tomar la libertad de llamarte amiga.

Amiga, eres hermosa por dentro y por fuera. Pero no porque yo te lo diga, es así. Eres un ser de luz que brilla, eres la más hermosa estrella de todo el universo. No exagero.

Lo único es que nadie te lo dice a diario y eso es lo que te tienes que repetir, como un mantra, cada día de tu vida.

Tienes que mirarte al espejo y sacar la mejor versión de ti misma, para ello tienes que dejar las quejas y reproches hacia ti y la mejor manera es cambiando de actitud.

La actitud que tienes a diario va a condicionar lo hermosa o no que te veas, por consiguiente, en cómo los demás te vean.

Si tu corazón es puro, si tu alma brilla, tu cara y tu cuerpo van a ser el reflejo exterior y consecuencia física.

Tendrás una luz especial, te preguntarán qué estás haciendo, serás más joven, es como si hubieras tomado el elixir de la juventud eterna porque te desprendes de cargas innecesarias.

Créetelo, amiga, sé una mujer que pisa fuerte, sé una mujer valiente, sé una guerrera y nadie te podrá decir lo contrario.

Sé constante y firme en esto que te digo porque nadie más te va a querer como tú. Ya te lo comenté anteriormente, quiérete más a ti misma, sé tu mejor versión, no seas mediocre, sé lo máximo, da lo máximo para ti, regálate esto, sube esa autoestima a diario.

Utiliza el lenguaje positivo para regalártelo todos los días; soy guapa, soy hermosa, soy luz, soy amor, …

Mírate, ahora con ochenta años, desprendes amor y sigues siendo hermosa por dentro y por fuera, sigues teniendo esa luz que nunca se apagará.

Ahora, en la actualidad, ¿qué edad tienes? ¿cómo te ves? déjame decirte que la edad no importa amiga mía, lo que importa es que siempre te veas resplandeciente, que nunca pierdas el sentido y las ganas de sentirte atractiva, guapa y con una belleza que hipnotice.

Trabaja esto a diario porque las principales consecuencias las vas a ver en los demás, cómo te ven, qué energía les transmites y vas a ser ejemplo y te van a pedir ese elixir mágico, y tú solo tienes que responder con una frase.

Amando y queriendo con pasión incondicional a una persona, a mí misma.

Antes quiero hacer un alto para recordarte que este libro y este capítulo ha sido posible gracias a la inspiración que me ha dado mi amiga y compañera de vida, Yurena, ejemplo a seguir, sigue desprendiendo belleza, amor y luz al mundo. Gracias.

Resumen de tú eres hermosa:

- Eres hermosa por dentro y por fuera. Pero no porque yo te lo diga, es así. Eres un ser de luz que brilla, eres la más hermosa estrella de todo el universo.

- Tienes que mirarte al espejo y sacar la mejor versión de ti misma, para ello tienes que dejar las quejas y reproches hacia ti y la mejor manera es cambiando de actitud.

- Quiérete más a ti misma, sé tu mejor versión, no seas mediocre, sé lo máximo, da lo máximo para ti, regálate esto, sube esa autoestima a diario. Utiliza el lenguaje positivo para regalártelo todos los días; soy guapa, soy hermosa, soy luz, soy amor,...

MIS NOTAS SOBRE
"Eres hermosa"

27.

Para Recordar:

Antes de continuar con este viaje vamos a hacer un recordatorio de lo visto hasta ahora.

Mi principal intención con este libro es que hagas de él una guía para descubrir tu propia **esencia**, ese poder interno, ese manual que nadie nos ha enseñado y que tenemos todos y cada uno de nosotros, algo que no es complicado si en realidad te centras en la técnica apropiada y tu don.

Esencia es aquel don que tenemos todas las personas, muchas veces sin ser conscientes de ello.

El lenguaje corporal es fundamental a la hora de comunicarnos y expresar nuestras emociones con los demás.

Debes de ser el actor principal y el director de tu vida, dirigiendo tus propios actos, siendo tu propio guía sin depender de nada ni de nadie, es decir, completamente libre.

El lenguaje positivo consiste en tratar de medir cada palabra que utilizas y ponerle toda la mejor la intención, ocasionando un impacto positivo en la persona receptora.

La ley del espejo es clara: lo que vemos fuera, es un reflejo de nuestro interior.

Hay algo que va más allá de las palabras, hay esa energía de la vida que nos mantiene conectados en todo momento.

Lo más importante que tienes que hacer para beneficiarte del don del amor es amarte a ti mismo como a nadie y antes que a nadie.

Agradece y da las gracias por todo, por la vida que te ha tocado vivir, por ser tú, por tener lo que tienes, también lo material; es importante dar las gracias por todo.

Todo lo que hagas en tu vida tiene que ser en el momento presente, hasta organizar o planificar una tarea la estás haciendo en el momento presente.

Soñar es ponerte tus propios retos y ver cómo los vas alcanzando y superando pese a las circunstancias adversas que te vas encontrando en la vida.

El abrazo es el gesto del lenguaje corporal más placentero y con más beneficios que, a veces, muchas palabras.

Ser autodisciplinado es comprometerte con tus sueños, con tu propósito sin reparos, tomar acción, sin ningún tipo de freno.

Para conseguir tus metas tienes que ver todo desde una perspectiva más elevada, destacando, siendo la mejor versión de ti mismo.

Te vas a perdonar porque no hay nada tan malo que hayas hecho en esta vida que no merezca tu perdón, necesitas perdonarte sí o sí.

Tienes el poder de cambiar y crear la realidad que tú quieres, que a ti más te guste, eres el creador, tú solo, nadie más interfiere por ti.

Ponle pasión y sé el arquitecto de tu vida en todo lo que emprendas y verás cómo contagiar al mundo con tu don.

La motivación es cien por cien actitud ante los retos que te presenta la vida, ante los desafíos, los problemas y las circunstancias.

Trabaja la compasión y trabajarás el arte de hacer felices a los demás ayudándote a encontrar tu **esencia**.

Hemos olvidado que Dios está en todas las cosas, en todos los seres vivos, en todas las cosas, en todos nosotros, está en ti, en tu interior.

El humor es una de las mejores capacidades que tiene el ser humano. Te puede resultar de gran ayuda en los momentos más duro de la vida y es capaz de alegrarnos el día a día.

Tienes que ver desde la perspectiva de tu niño interior, siempre, porque es desde ahí donde vas a comprobar lo divertida que es la vida.

El movimiento está presente en todas las cosas y en todo lo que suponga una acción, por lo tanto, si quieres emprender y hacer algo en tu vida, tienes que tomar acción, tienes que moverte.

28.

Destaca sobre el resto

"La persona que sigue a la multitud normalmente no irá más allá de la multitud. La persona que camina sola probablemente se encontrará en lugares donde nadie ha estado antes"

Albert Einstein.

Amigo, has venido a destacar sobre el resto, no a seguir mansamente al rebaño, esto quiere decir que tienes que aprender a caminar por el mundo solo para descubrir tu verdadero potencial.

Tienes que aprender a descubrir tus capacidades y actitudes que te hacen diferente al resto de la humanidad, tienes que trabajar en ello a diario, tienes que disfrutar haciéndolo, tienes que ser feliz, no te puedes permitir el lujo de no conseguirlo puesto que, si no, serás una más de todo ese rebaño que permanece dormido y no despierta de su letargo, de su sueño de confort.

Te lo debes y se lo debes al resto de la humanidad, tu potencial no puede estar oculto a los demás, no puede permanecer en las profundidades de tus miedos, esperando que llegue alguna fuerza externa que te ayude a sacarlos. ¡Basta ya! Hasta aquí has llegado, tienes que ver en tu interior lo que ya te comentaba anteriormente que tienes y que te hace diferente al resto.

Sé un potencial y sé el mejor en lo que destaques, pues nadie te va a poder quitar lo que es tu ser.

Eso mismo es lo que has venido a Ser, ser independiente, ser autónomo, sin seguir a ningún pastor ni rebaño impuestos. Eres la llama que habita en ti, expulsa desde tu interior ese fuego y exponlo al resto de la humanidad para que lo conozcan.

Destacar sobre el resto no significa pisotear a nadie, desde tu egoísmo, significa que tú eres esa persona, como lo puedo ser yo u otra, que destaca por tener ese don que te hace diferente y que nadie más tiene.

Puede coincidir la misma función, labor o tarea con los demás, pero la **esencia** que tú le vas a dar no se la podrá dar nadie más.

No seas una copia de nadie, estudia, fórmate y coge ejemplos de lo que tú deseas, pero no seas copia porque si no nunca brillarás por ti mismo.

Pon tu propio sello, tu propia firma de lo que sea que quieras emprender y te dará tanta fuerza mental que estarás más que entrenado para cualquier problema que se te presente, te explico la manera de conseguirlo a continuación.

Resumen sé fuerte:

- Sé un potencial y sé el mejor en lo que destaques, pues nadie te va a poder quitar lo que es tu ser.

- Has venido a Ser, ser independiente, ser autónomo, sin seguir a ningún pastor ni rebaño impuestos.

- No seas una copia de nadie, estudia, fórmate y coge ejemplos de lo que tú deseas, pero no seas copia porque, si no, nunca brillarás por ti mismo.

MIS NOTAS SOBRE
"Destaca sobre el resto"

29.

Sé fuerte.

"Cuanto mayor es una dificultad, mayor gloria es superarla. Los pilotos hábiles ganan su reputación a partir de las tormentas y tempestades"

Epíteto

Según estudios psicológicos, las personas resilientes son capaces de afrontar la adversidad saliendo fortalecidos.

Si eres resiliente, palabra que está de moda (yo la traduzco como fuerte si me lo permites), vas a tener la capacidad de adaptarte a cualquier cambio que se produzca en tu vida, no solo por la pérdida de un ser querido, por alguna catástrofe, problema de salud, en resumen, una situación considerada grave sino cualquier situación del día a día.

Esto no quiere decir que te resignes, sino que tienes que saber y reconocer tus debilidades y fortalezas y por lo tanto tienes que dejar atrás todas esas creencias que no te dejan avanzar y que merman considerablemente tu energía.

Ser fuerte es estar preparado, estar activo, estar dispuesto a afrontar la batalla por tu supervivencia aceptando todo lo que sucede a tu alrededor, es decir, aceptas que todo está en un constante cambio y no puedes negarlo.

Las personas fuertes saben que aceptar es comprender y afrontar es no darse por vencidos.

Y no significa que no tengas heridas por lo que te sucede, sino que a pesar de una situación adversa aprendes de ella, te enriqueces y te haces más fuerte. Nunca te sumerjas en el dolor, siempre aprende de él.

Amiga, déjame decirte que para ser fuerte tienes que aprenderlo a ser y tienes que entrenarte a diario.

Esto nos lo deberían haber enseñado en la escuela, como asignatura, pero desgraciadamente no es así, por lo tanto, nunca es tarde para estudiar y aplicarlo en tu vida.

Amigo, sé fuerte, no porque yo te lo diga, sé fuerte porque es una forma más fácil de ver la vida y de afrontar todos los retos que en ella se te van presentando.

Sé fuerte, eres capaz y cambiando hábitos lo conseguirás, prepárate para los cambios que vienen si lo aplicas.

Resumen Ser fuerte:

- Ser fuerte es estar preparado, estar activo, estar dispuesto a afrontar la batalla por tu supervivencia aceptando todo lo que sucede a tu alrededor, es decir, aceptas que todo está en un constante cambio y no puedes negarlo.

- Las personas fuertes saben que aceptar es comprender y afrontar es no darse por vencidos.

- Para ser fuerte tienes que aprenderlo a ser y tienes que entrenarte a diario.

MIS NOTAS SOBRE
"Ser fuerte"

30.

Prepárate para los cambios

"Espera lo peor, planea lo peor y prepárate para sorprenderte"

Denis Watley.

¿Has notado una inquietud dentro de ti que no sabes cómo controlar, una incomodidad algo extraña? Eso es que te estás conectando y preparando para sufrir cambios en tu vida, siempre y cuando apliques todo lo que te aconsejo en esta guía.

Si los aplicas, sin reservas ni dudas y con constancia y disciplina te aseguro, amigo, que verás cambios radicales en tu vida.

Para afrontar los cambios primero espera que todo no va a ser como tú lo habías imaginado ya que no esperes cosas agradables desde un principio y aunque no lo entiendas te aseguro que ese periodo tienes que pasarlo para poder luego entrar en el verdadero reino de tu **esencia**.

Los cambios son producidos por haber estado en constante movimiento y tomado acción, aparte de todo los principios que te he explicado durante este viaje en busca de tu verdadera **esencia**.

Por lo tanto estate tranquilo, si sigues los consejos y entiendes que esto es un proceso, el cambio te va a dar mucho más de lo que esperabas, te vas a sorprender y vas a ver que pasan tantas cosas en tan poco tiempo que ya no tendrás tiempo de aburrirte.

Así que si aplicas todo esto que te estoy diciendo llegará el momento que desearás más cambios y ya no permanecerás nunca más estático, dentro de tu zona de confort.

Prepárate para los cambios que se avecinan, sin miedo, recibiéndolos con los brazos abiertos, agradeciendo por todo, sea malo o bueno; en realidad ya sabes que no hay nada que sea bueno o malo, es solo una percepción de tu mente limitada por tus creencias, abraza los cambios porque de ellos vas a aprender mucho más que de no haber y permanecer inmóvil, con una vida lineal y estática.

Prepárate porque tu vida pasará a un nivel superior, ya no serás la misma persona, te transformarás y serás la persona que siempre has venido a ser, serás la persona que siempre eras pero que no te has atrevido a indagar en ti mismo para descubrirlo, por miedos o lo que sea pero ahora y a estas alturas ya se acabó, ya no hay vuelta atrás, enfréntate a tus miedos, que te impiden abrazar y saludar esos cambios en tu vida que tanto te van a aportar.

Los cambios pueden ser a nivel económico, trabajo, negocio, salud, actividad nueva y cuerpo físico fuerte o en el amor, relaciones nuevas, conocer a gente que te haga vibrar alto...

Tú decides, prepararte para acoger esos cambios como algo muy positivo en tu vida o directamente quedarte quieto y seguir como el resto del rebaño y, por comodidad, quedarte quieto e ignorar las bendiciones que estos cambios te traerán.

Esas bendiciones las atraerás a tu vida siempre y cuando estén en tu mente, te lo explico a continuación, ¿me sigues?

Resumen de prepárate para los cambios:

- Los cambios son producidos por haber estado en constante movimiento y tomado acción, aparte de todos los principios que te he explicado durante este viaje en busca de tu verdadera **esencia**.

- Prepárate porque tu vida pasará a un nivel superior, ya no serás la misma persona, te transformarás y serás la persona que siempre has venido a ser.

- Los cambios pueden ser a nivel económico, trabajo, negocio, salud, actividad nueva y cuerpo físico fuerte o en el amor, relaciones nuevas, conocer a gente que te haga vibrar alto...

MIS NOTAS SOBRE
"Prepárate para los cambios"

31.

Si está en tu mente, está en tu mundo

"Si puedes cambiar tu mente, puedes cambiar el mundo"

William James

Si te dijera que todo lo que estás viviendo y experimentado en este preciso momento lo ha creado tu mente, ¿me creerías?

Pues déjame decirte que esto no es una simple teoría basada en hechos surrealistas y esotéricos, que es lo que tu mente, lo más probable esté pensando ahora mismo.

Te invito a que recuerdes ahora algo en lo que hayas pensado en el pasado y que, sin saberlo, lo has vivido de una forma o de otra en tu presente.

Si has pasado por alguna situación así ya no debes dudar más, pues te invito a que controles tu mente, tus pensamientos pues estos van a reflejar tu propia realidad.

Controlar tus pensamientos. Más de 50.000 al día parece una tarea difícil, pero en realidad no es tan complicada, si seleccionas qué pensamientos son los que en realidad te van a llevar a lo que quieres.

Si sólo te enfocas en estos pensamientos y dejas de lado los que no te van a aportar absolutamente nada, es decir, solo la protección, verás tu mundo tal y como lo deseas.

Esto quiere decir que si no le haces caso a tu mente y dejas que ella seleccione los pensamientos por ti, cambiarás totalmente la realidad que tienes ahora mismo, cambiarás tu mundo creado por la protección de tu mente a través de los pensamientos.

Y te preguntarás. Pero, ¿cómo dominar todos esos pensamientos y seleccionar solo los que me convenga?

Pues la respuesta la tienes como te he dicho a lo largo de esta guía, conectando con tu interior, con tu **esencia**, con tu don, que es al que le tienes que hacer caso. ¿Cómo? Meditando, en silencio y escuchando esa voz interior que te dará la suficiente intuición para escoger los pensamientos que verdaderamente te convienen.

Con esta técnica eliminarás inmediatamente los pensamientos negativos de forma automática, comprobado y demostrado.

Lo único que tienes que hacer con esos pensamientos negativos es dejarlos pasar, agradecer a tu mente, hablar con ella y decirle claramente, "esto no me conviene, gracias" y los dejas pasar.

Para conseguirlo, como te he comentado, practico a diario la meditación, puede ser guiada o no pero lo importante es que bajes el volumen de esos pensamientos saboteadores y seas constante en esto.

Esto significa que tienes que quererte y escucharte a ti mismo, tienes que trabajar por tu sueño, tienes que trabajar por y para ti.

Resumen si está en tu mente, está en tu mundo:

- Si sólo te enfocas en estos pensamientos y dejas de lado los que no te van a aportar absolutamente nada, es decir, solo la protección, verás tu mundo tal y como lo deseas.

- Esto quiere decir que si no le haces caso a tu mente y dejas que ella seleccione los pensamientos por ti, cambiarás totalmente la realidad que tienes ahora mismo, cambiarás tu mundo.

- Lo único que tienes que hacer con esos pensamientos negativos es dejarlos pasar, agradecer a tu mente, hablar con ella y decirle claramente, "esto no me conviene, gracias" y los dejas pasar.

MIS NOTAS SOBRE
"Si está en tu mente, está en tu mundo"

32.

Trabaja por ti, trabaja para ti.

"No quiero alcanzar la inmortalidad a través del trabajo, la quiero conseguir sin morir"

Woddy Allen

Querido amigo, espero que hasta ahora te hayas sumergido en el proceso de cambio y transformación que te he ido recomendado con cada paso de esta guía.

Te comento esto porque es sumamente importante y te invito a que vuelvas a releer cada capítulo por separado hasta que se impregne bien dentro de ti.

Este ejercicio tiene mucha importancia ya que trabajar por y para ti es una muestra de que te involucras al cien por cien en tu aprendizaje y en buscar tu verdadera **esencia**.

¿Te gusta el trabajo que haces? ¿le pones pasión? ¿te levantas todos los días con ganas de llegar a tu trabajo y compartir tu buen hacer sirviendo a los demás?

Si no es así, déjame decirte algo que no te va a gustar, o mejor dicho, que no le va a gustar a tu mente. DÉJALO.

Sal de ahí, no vendas un solo día más de tu tiempo, no te conformes y no seas cómodo. He estado todo este libro intentando que veas la importancia de descubrir tu propio potencial, que lo tienes, pero tienes que salir de ahí si te sientes que la vida pasa por delante de tus ojos y no aportas nada ni a ti ni al mundo.

Recuerda que has venido a brillar con luz propia, por lo tanto tienes que buscar y encontrar lo que te llene de verdad si la actividad o lo que haces ahora mismo no te llena.

Me dirás, y de qué vivo, pues te voy a decir algo, estoy escribiendo este libro por y para ti, es decir, por y para mí, estoy trabajando en lo que me gusta, lo disfruto porque quiero ayudarte, porque yo he estado en tu misma situación sin saber qué hacer y a dónde ir, he estado igual de perdido, con los mismos miedos e incertidumbres, por eso te invito a que lo hagas, a que, como yo estoy haciendo ahora, trabajes por y para conseguir tu sueño, hazlo, no lo postergues más, no te rindas y dile sí a la vida con un gran golpe de autoridad a tus creencias limitantes.

Y todo esto sé que va a tener sus consecuencias positivas a nivel de salud, dinero y relaciones, porque todo está conectado, pero te tienes que salir, a veces, del camino que tenías trazado para descubrir el nuevo horizonte que te espera.

Si no arriesgas ahora puede que mañana sea demasiado tarde y te arrepientas de ello toda la vida. Por eso amigo no mueras en Vida y trabaja en ti, por ti y para ti siempre, lo demás vendrá solo.

Resumen trabaja por ti, trabaja para ti.

- No vendas un solo día más de tu tiempo, no te conformes y no seas cómodo.

- Recuerda que has venido a brillar con luz propia por lo tanto tienes que buscar y encontrar lo que te llene de verdad si la actividad o lo que haces ahora mismo no te llena.

- Trabajar por y para ti tiene sus consecuencias positivas a nivel de salud, dinero y relaciones, porque todo está conectado, pero te tienes que salir, a veces, del camino que tenías trazado para descubrir el nuevo horizonte que te espera.

MIS NOTAS SOBRE
"Trabaja para ti"

33.

Sé paciente, todo llega.

"Ten paciencia, espera a que el barro se asiente y el agua se aclare, permanece quieto hasta que la acción correcta surja por sí sola"

Lao Tse

Déjame decirte amigo, que este tema es clave, porque lo fue y lo sigue siendo para mí. Me trabajo todos los días de mi vida la paciencia, conmigo mismo, con los demás y con las cosas que quiero que se produzcan en mi vida.

Es una tarea diaria, tienes que saber que si eres paciente todo lo que quieras llegará más pronto que tarde a tu vida.

Ser paciente significa que tienes que dar tiempo para que te sucedan las cosas y la mejor manera de hacerlo es aceptando y agradeciendo el momento presente.

Si aceptas todo lo que te está sucediendo en el presente, te recuerdo que es fruto de tu creación mental, entonces podrás contemplar tranquilamente todas y cada una de las cosas y acontecimientos que pasan por delante de tus ojos.

Si haces esto te va a dar un plus de paciencia y serenidad que no has tenido antes. Te vas a sorprender, te lo dice una persona que ha sido impaciente toda su vida y que las consecuencias de ello son perderse los milagros y aprendizajes de cada situación.

Por lo tanto, haz de la paciencia tu filosofía de vida, respira, espera a que los acontecimientos vayan sucediendo, tomando acción en cada momento y comprueba como lo que antes anhelabas con gran ansiedad y frustración, ahora viene por sí solo, fluyendo, con calma y a su debido momento.

Sé paciente contigo, no fuerces nada, fluye como el agua del río, conviértete en agua y déjate arrastrar por la corriente hasta que tu mente se apague, hasta que no oigas ni el río, hasta que seas uno y despiertes tus sentidos.

Pero tranquilo, estás aquí, ahora, fluye y con calma llegarán milagros inesperados a ti. Confía en ti.

Resumen Sé paciente, todo llega.

- Ser paciente significa que tienes que dar tiempo para que te sucedan las cosas, y la mejor manera de hacerlo es aceptando y agradeciendo el momento presente.

- Haz de la paciencia tu filosofía de vida, respira, espera a que los acontecimientos vayan sucediendo, tomando acción en cada momento.

- Sé paciente contigo, no fuerces nada, fluye como el agua del río, conviértete en agua y déjate arrastrar por la corriente hasta que tu mente se apague.

MIS NOTAS SOBRE
"Sé paciente, todo llega"

34.

Confía en ti.

"Cuando confíes en ti sabrás vivir"

Goethe.

Un proceso por el que tienes que pasar para seguir alcanzando tus propósitos y encontrar tu propia **esencia** pasa inevitablemente por tener plena y total confianza en ti mismo.

Aquí, déjame decirte que sin confianza en ti mismo no podrás encontrar ningún camino, por lo tanto, tendrás que trabajarla a diario.

Para trabajar la confianza tienes que conocerte y seguir una serie de pasos que a continuación te detallo.

Tienes que, primero que nada, y ya te lo he comentado, quererte y amarte a ti primero y más que a nadie en este mundo porque, si no haces esto, que es básico, dudarás y no confiarás en ti.

Debes asumir que tú eres para ti mismo tu mejor aliado y amigo, que nadie más va a confiar en ti como tú.

No puedes hacer caso a tu mente porque como confías en ti, de corazón, no te puedes traicionar haciéndole caso a los pensamientos negativos.

Confia en ti, que todo lo que realices lo vas a lograr, con total seguridad, sin dudas, pase lo que pase te ayudarás y te animarás a conseguirlo.

La confianza significa que crees firmemente en la palabra y en los actos, y que sabes, que pase lo que pase no te vas a engañar y traicionar, por lo tanto tienes que ser así contigo mismo y repetirlo a diario.

La confianza es una acto de Fe, fe en ti y en todo lo que hagas y digas, fe en que todo lo que te propongas tienes que tener la suficiente confianza de que lo vas a lograr.

Confiar a ciegas en ti más que en nadie, sin titubeos, sin dudas, es darte la oportunidad de saber que si tú no tienes confianza en ti y crees en ti y en tus posibilidades quién más va a creer.

La confianza por ejemplo es ofrecer un producto o servicio y tener la suficiente certeza de que lo que ofreces es lo más correcto y que con ello ayudas a los demás, dándole un valor añadido y teniendo mucha credibilidad.

La confianza es creer tanto en ti que cualquier reto que se te ponga por delante vas a ser capaz de afrontarlo convirtiéndote en la persona exitosa que has venido a Ser.

Y, para tener éxito tienes que hacerlo ya, hazlo ahora, no esperes más. ¿Me sigues?

Resumen, confía en ti.

- Tienes que quererte y amarte a ti primero y más que a nadie en este mundo porque si no haces esto, que es básico, dudarás y no confiarás en ti.

- La confianza significa que crees firmemente en la palabra y en los actos, y que sabes, que pase lo que pase no te vas a engañar y traicionar.

- La confianza es creer tanto en ti que cualquier reto que se te ponga por delante vas a ser capaz de afrontarlo convirtiéndote en la persona exitosa que has venido a Ser.

MIS NOTAS SOBRE
"Confía en ti"

35.

No esperes
el momento,
empieza ya.

*"No esperes, el momento nunca será el adecuado,
empieza donde estés ahora, trabaja con lo que tengas
a tu disposición y encontrarás herramientas
a medida que avances."*

Napoleón Hill.

Tenía mucha razón Napoleón Hill con estas palabras, si permaneces estático nada va a pasar y nunca será ese momento adecuado, perfecto para tomar la decisión de ponerte en acción.

Perdona que te lo diga amigo, pero si vas a esperar a que los astros estén alineados, y que todo sea perfecto para tomar una decisión vital en tu vida pues nunca, y sé que esto te va a doler, vas a tomar la decisión de empezar.

Tienes que lanzarte a la aventura, con planificación, pero tienes que decidirte y muchas veces, no darle tantas vueltas, porque si no te vas a estar justificando toda tu vida y llegará el momento que puede que ya sea demasiado tarde.

Amigo, lánzate a por ello, corre tras ello y disfrútalo aún equivocandote, no hay nada de malo en ello, al contrario te sirve siempre de aprendizaje.

Tienes que ver el momento siempre como que es el mejor y el perfecto para tomar acción, como ya te he dicho, es aquí y ahora lo único que existe, por lo tanto si tienes esto claro y eres consciente de ello, comprobarás que solo podrás tomar acción ahora y no hay miedo posible a nada, te repito, y perdona si te canso con esto, pero es tu mente la que te intenta proteger de algo que no necesita protección sino decisión y que si sale del corazón pues lo harás con mucha pasión.

Créeme y hazlo ya, sé valiente y no lo postergues más, toma la decisión, no lo pienses mucho, no te justifiques diciendo que quizás mañana, cuando esté mejor económicamente, cuando tenga mejor salud, cuando,... cuando nada, olvídate, eso lo dice tu mente, tú eres más que todos esos pensamientos que te paralizan.

Busca, no afuera, busca en tu interior, vale la pena, créeme, vale la pena lanzarse, vivir una vida intensa y luego decir, lo conseguí, por fin, lo hice, y no hay mayor satisfacción que esa, que vencer a tus miedos, que ganar el pulso a tus pensamientos, que, con emoción, gritar y salir y coger las riendas y decir: basta, sí quiero, sí quiero y lo quiero ya, no puedo esperar más a que pase ningún tren, me subo al primero que pase y no me voy a bajar hasta que consiga mis anhelados sueños.

Y ahora mismo te estarás preguntando; pero, ¿si antes me dijistes que fuera paciente? Cierto, pero paciente una vez te subas al tren y persigas tus sueños, una vez hayas tomado acción y te hayas movido, no antes, paciencia porque no lo vas a conseguir a la primera sin constancia.

Por lo tanto, amigo, no te justifiques, no dejes que tu mente te siga dominando, ¿qué quieres para ti, recordar que algún día pudiste cambiar pero por comodidad y miedos no lo hicistes e hipotecar para siempre tu vida y la de tu familia, o quieres dejar una buena herencia y ser un ejemplo de valentía y gozo a tus hijos e iluminar cualquier camino con tu luz?

Esto se consigue teniendo y practicando la empatía con los demás.

Resumen no esperes el momento, empieza ya.

- Si vas a esperar a que los astros estén alineados, y que todo sea perfecto para tomar una decisión vital en tu vida pues nunca, y sé que esto te va a doler, vas a tomar la decisión de empezar.

- Lánzate a por ello, corre tras ello y disfrútalo aún equivocandote, no hay nada de malo en ello, al contrario te sirve siempre de aprendizaje.

- Por lo tanto amigo, no te justifiques, no dejes que tu mente te siga dominando, ¿qué quieres para ti, recordar que algún día pudiste cambiar pero por comodidad y miedos no lo hicistes e hipotecar para siempre tu vida?

MIS NOTAS SOBRE

"No esperes el momento, empieza ya"

36.

Ten empatía

"Ser empático es ver el mundo a través de los ojos del otro y no ver nuestro mundo reflejado en los ojos del otro"

C. Rogers

Si quieres, amiga, cosechar muchos éxitos en la vida y encontrar lo que hemos estado persiguiendo y hablando durante todo este libro sin duda alguna tienes que aprender la manera de tener empatía con los demás.

Practicar la empatía es muy importante a la hora de encontrar tu **esencia** pues es condición indiscutible el ver en los demás cualidades, aptitudes y sobre todo actitudes de las que nosotros carecemos.

Ser empático, y ya lo hablamos anteriormente y te hice referencia a esto en el capítulo somos espejos, es una manera de ver el potencial que nos ofrecen los demás, absorber y valorar, como aprendizaje también para ti.

Con la empatía no se nace, se hace y se cultiva a medida que vas encontrando tu propio propósito, convirtiéndose en una herramienta más para ayudar y tener estima hacia los demás.

Ayudar y servir a los demás es clave y ya lo hemos comentado, por lo que siendo empáticos, poniéndonos en la piel del otro, y sobre todo, no imponiendo nuestro criterio ni nuestro punto de vista, conseguiremos estar y encontrar esa fuente, esa **esencia** de vida que tanto anhelamos y que tan importante es en tu vida.

Si no muestras empatía, te alejarás cada vez más de tu propósito, te cerrarás en tu propio ego, te limitas a una vida en la que tu centro no va más allá de ti mismo.

Por eso te recuerdo que eres Dios, eres el Universo infinito dentro de ti, tienes la capacidad de hacer lo que quieras, siempre y cuando tu misión de vida sea la de servir, con empatía, sin excusas y sin limitaciones a toda la humanidad.

Si te pones en la piel del otro y ves con los ojos del otro con total claridad y objetividad sin pretender cambiar lo que ves, podrás ser una persona tan empático que toda persona con la que entres en contacto se sentirá tan comprendida que te tomará de referencia y te lo agradecerá de por vida.

A partir de hoy, querido amigo, practica la empatía con todo el mundo sin excepción y verás cómo el Universo te recompensará por ello con nuevas bendiciones.

Esas nuevas bendiciones, pueden ser más autoestima, ser mejor visto y valorado por los demás, tener mayor credibilidad.

Siendo empático podrás ser un guía para los demás, te lo explico a continuación, ¿me sigues?

Resumen Ten empatía.

- Ser empático es una manera de ver el potencial que nos ofrecen los demás, absorber y valorar, como aprendizaje también para ti.

- Con la empatía no se nace, se hace y se cultiva a medida que vas encontrando tu propio propósito, convirtiéndose en una herramienta más para ayudar y tener estima hacia los demás.

- Si te pones en la piel del otro y ves con los ojos del otro con total claridad y objetividad sin pretender cambiar lo que ves, podrás ser una persona tan empática que toda persona con la que entres en contacto se sentirá tan comprendida que te tomará de referencia y te lo agradecerá de por vida.

MIS NOTAS SOBRE
"Ten empatía"

37.

Eres un Guía
para otros.

"Eres la madre, el padre, la hermana, el hermano, el maestro y el guía para el alma que se te ha confiado"

Debbie Ford.

Estimado y querido amiga, estamos alcanzando el final de este viaje, un viaje que no acaba aquí sino que empieza a partir de ahora para ti.

Te he aconsejado, siempre desde mi experiencia y con la más absoluta humildad, todo lo que deberías practicar y hacer a partir de que iniciastes la lectura de esta guía.

Eres un guía para los demás, a parte de ser ejemplo, que ya hablamos de ello, si aplicas todos los principios y consejos que te doy, te aseguro que te convertirás en un auténtico guía y referente para muchas personas.

¿Cómo se consigue ser un guía? Pues muy sencillo, tienes que volcar todos tus conocimientos, experiencias y actitudes y mostrarlas al mundo, basta ya de quedarse en segundo plano y no salir a la palestra, tienes potencial y como te he dicho has venido a brillar con luz propia por lo tanto siempre tienes algo único, diferente y esencial que ofrecer al Mundo.

Esa **Esencia** no puede quedar oculta, la tienes que mostrar, siendo ejemplo y referente de transformación.

Las personas buscan a un referente, un mentor, guía, da igual como quieras llamarlo, para que les ayude a superar sus conflictos, que no son diferentes a los tuyos, y abordarlos de una manera tan fácil y sencilla que tu ayuda hacia ellos será única y exclusivamente altruista y ejemplo de lo que tú ya has superado y has aprendido en el pasado.

Esto es contando tu historia, contando tus experiencias y cómo has superado todas y cada una de ellas sin muchas veces darte cuenta.

Puedes ser el mejor guía para tus hijos, para tus familiares, amigos, pero si no te involucras y te expones al resto de la humanidad, estás cortando ese Tesoro, esa fuente que para muchos puede ser de gran ayuda, como espero que sea de gran ayuda este libro, esta guía para ti, que es la finalidad que pretendo, servir de guía y exponer lo que siento desde el corazón al resto de la humanidad y espero que ayude a muchos, confío que así sea.

Para ello tienes que saber que eres libre y que nada ni nadie te puede atar, te lo cuento a continuación...

Resumen Eres un guía para otros.

- Eres un guía para los demás, aparte de ser ejemplo, que ya hablamos de ello, si aplicas todos los principios y consejos que te doy, te aseguro que te convertirás en un auténtico guía y referente para muchas personas.

- Tienes que volcar todos tus conocimientos, experiencias y actitudes y mostrarlas al mundo, basta ya de quedarse en segundo plano y no salir a la palestra, tienes potencial y has venido a brillar con luz propia; por lo tanto, siempre tienes algo único, diferente y esencial que ofrecer al Mundo.

- Las personas buscan a un referente, un mentor, guía, da igual cómo quieras llamarlo, para que les ayude a superar sus conflictos, que no son diferentes a los tuyos, y abordarlos de una manera tan fácil y sencilla que tu ayuda hacia ellos será única y exclusivamente altruista y ejemplo de lo que tú ya has superado y has aprendido en el pasado.

MIS NOTAS SOBRE
"Eres un Guía para otros"

38.

Eres libre.

*"Si tienes la paciencia de la tierra, la pureza del agua
y la justicia del viento, entonces eres libre"*

Paulo Coelho

Ser libre es saber y poder elegir lo mejor para no-sotros, es no tener ninguna atadura, ni emocional ni mental ni física.

Tener libertad plena en hacer lo que nos apetezca, cuando nos apetezca, esto, querido, te parecerá una utopía, pero te voy a demostrar que no es tan complicado conseguirla.

Para ser libre tienes que tomar consciencia de lo que en realidad quieres, porque si haces lo que no te gusta, entonces no estás siendo coherente con-tigo, por lo tanto no eres libre y estás atado a algo que no quieres

Tienes que buscar, y ya te vas acercando a tu di-vina **Esencia**, a lo que has venido a Ser y, sobre todo, a lo que has venido a mostrar al mundo y esto te va a traer una total y plena libertad, porque lo que hagas va a salir del corazón y no te lo impon-drán y peor aún, te lo impondrás.

Así de fácil, para ser libre lo único que tienes que ha-cer es buscar tu Don, tu **Esencia**, que sirva y ayude a los demás, y que, sobre todo, salga del corazón.

Y no importa tu estatus social, el dinero que tengas, y no digo que el dinero sea malo, las cosas mate-riales que poseas, todo esto carece de importancia si lo que haces no te llena, no te gusta y no aporta nada a los demás y a ti.

Y me dirás, ¿pero si tengo dinero seré libre y haré lo que quiera?, por supuesto que sí, quizás durante un tiempo, ¿y luego? cuando ya te canses de comprar todo, de poseer e intentar comprar incluso esa ansiada libertad, te sentirás vacío, te faltará algo, te irás con la sensación de que te faltó aportar y vivir algo más, de Ser algo más. Y eso es precisamente la verdadera Libertad, eso que te preguntas y que tanto anhelas es tu divina **ESENCIA**.

Tu **Esencia** es lo que has estado buscando durante todo el libro, es lo que has querido y deseado no solo ahora sino siempre, haciendo preguntas existenciales como, ¿quién soy, a dónde voy, qué he venido a Ser? Pues te lo muestro a continuación, ¿estás preparado?

Resumen de Ser libre

- Ser libre es saber y poder elegir lo mejor para nosotros, es no tener ninguna atadura, ni emocional ni mental ni física.

- Para ser libre tienes que tomar consciencia de lo que en realidad quieres, porque si haces lo que no te gusta, entonces no estás siendo coherente contigo, por lo tanto no eres libre y estás atado a algo que no quieres.

- Tienes que buscar, y ya te vas acercando, a tu divina **Esencia**, a lo que has venido a Ser y, sobre todo, a lo que has venido a mostrar al mundo y esto te va a traer una total y plena libertad, porque lo que hagas va a salir del corazón y no te lo impondrán y, peor aún, te lo impondrás.

MIS NOTAS SOBRE
"Eres libre"

39.

Para recordar.

Has venido a Ser, ser independiente, ser autónomo, sin seguir a ningún pastor ni rebaño impuestos.

Ser fuerte es estar preparado, estar activo, estar dispuesto a afrontar la batalla por tu supervivencia aceptando todo lo que sucede a tu alrededor, es decir, aceptas que todo está en un constante cambio y no puedes negarlo.

Prepárate para los cambios, porque tu vida pasará a un nivel superior, ya no serás la misma persona, te transformarás y serás la persona que siempre has venido a ser.

Si no le haces caso a tu mente y dejas que ella seleccione los pensamientos por ti, cambiarás totalmente la realidad que tienes ahora mismo, cambiarás tu mundo.

Recuerda que has venido a brillar con luz propia por lo tanto tienes que buscar y encontrar lo que te llene de verdad si la actividad o lo que haces ahora mismo no te llena.

Haz de la paciencia tu filosofía de vida, respira, espera a que los acontecimientos vayan sucediendo, tomando acción en cada momento.

La confianza es creer tanto en ti que cualquier reto que se te ponga por delante vas a ser capaz de afrontarlo convirtiéndote en la persona exitosa que has venido a Ser.

Si vas a esperar a que los astros estén alineados y que todo sea perfecto para tomar una decisión vital en tu vida, nunca vas a tomar la decisión de empezar.

Ser empático es una manera de ver el potencial que nos ofrecen los demás, absorber y valorar, como aprendizaje también para ti.

Tienes que volcar todos tus conocimientos, experiencias y actitudes y mostrarlas al mundo, basta ya de quedarse en segundo plano y no salir a la palestra, tienes potencial y has venido a brillar con luz propia por lo tanto siempre tienes algo único, diferente y **esencial** que ofrecer al Mundo.

Para ser libre tienes que tomar consciencia de lo que en realidad quieres, porque si haces lo que no te gusta, entonces no estás siendo coherente contigo, por lo tanto no eres libre y estás atado a algo que no quieres.

40.

Tu Esencia.

"Eres tu propia Esencia, nunca lo ovides"
Abraham Portocarrero

Y aquí estás, al final de tantas cosas, te he llevado a lo largo de este viaje por un camino que no te gusta, te he puesto frente al espejo a mirar tu propio corazón con claridad, te he puesto sobre la mesa una serie de consejos que si los aplicas te puedo asegurar que tu vida cambiará, te lo garantizo y esto no es cuestión de creer o no creer, es cuestión de lanzarte y de querer, si estás cómodo con la vida que tienes, de nada sirve que sigas leyendo, porque no vas a encontrar ninguna fórmula mágica, no te va a pasar ningún milagro por leerlo. En cambio si haces todo lo que aquí te aconsejo, comprobarás que valió la pena intentarlo.

Vale la pena, porque te puedo decir, amigo, que no somos tan diferentes, que tenemos exactamente los mismos sufrimientos y padecemos por lo mismo y lo único que me ha cambiado es lo que ahora mismo estoy haciendo por ti y por todas las personas que quieran leer este libro, escribir una historia, no la mía, sino la tuya, para ayudarte y conseguir lo que un día hicieron conmigo.

El protagonista aquí eres tú, todo esto va dirigido a ti, tienes que romper con tus pensamientos negativos, con esas creencias impuestas para tener una mente restaurada y limpia para poder continuar.

A día de hoy, sigo teniendo los mismos miedos y dudas, lo que pasa es que no les permito que me lleven con ellos ni un solo instante más de mi vida.

Tienes que ser constante y fuerte para mantener los pensamientos negativos a raya y los de las personas tóxicas que te vienen a contagiar de sus propias negatividades.

A partir de ya crea una coraza contra todos estos agentes externos que lo único que quieren es que no avances y tengas pleno control de tu vida.

Ahora, concéntrate y piensa, aquí y ahora, qué es lo que es para ti, que quieres que sea para ti, que esperas que sea Tu **Esencia**.

Escríbelo, aquí y ahora y que salga de tu corazón.

_____

_____

_____

_____

_____

_____

_____

_____

Ya lo tienes, ahora eso es a lo que te tienes que agarrar con toda tu fuerza, ese es el precio que tienes que pagar por estar aquí, eso te lo debes, se lo debes a tus seres queridos, al resto de personas, los años de vida que te queden tienes que dedicarlos a ser esa **Esencia** que has descrito, tienes que hacerlo sin excusas ni vacilaciones, tu vida depende de ello, si no, morirás en vida y serás un alma sin conciencia, vagarás por esta vida como una más del rebaño, tú decides.

Querido, amigo, **Esencia**, eso es lo que siempre has sido y siempre serás, lo tenías oculto ante tus ojos, pero ya se acabó, ya no más esconder lo que en realidad eres, basta ya de ser pequeño.

Llegó el tiempo de Ser Grande, de sentirte importante, de ser y brillar más que nadie, de ser puro y auténtico, de ser la persona que siempre has querido ser, Ser Tú, de ser un Ser con posibilidades ilimitadas, con amor, con pasión por todo lo que te rodea, con compasión, con sueños realizados, volando bien alto, siendo creador de tu propia realidad, disfrutando con ojos de niño, siendo la más hermosa, siendo un dios viviente motivando y guiando para que cada vez más personas encuentren Su **Esencia**.

Esencia divina es la clave que habita en tu interior y que antes has plasmado y descrito según tu corazón, es esa llama interna, ese fuego que tienes dentro de tu Ser y que lo tienes que sacar para sentirte libre y en Paz.

Buscar tu **Esencia** es una forma de vida, es una manera de encontrarte con tu propio Yo, con tu propia verdad, con lo que estás haciendo y has venido a Ser.

En definitiva, tú eres la **Esencia** en sí misma, no hay búsqueda y no hay respuestas, tú eres **Esencia**, tú eres lo que estás buscando, lo que nunca nadie te lo ha mostrado, bien por protección, por religión o por creencias.

Ahora ya lo sabes, Tú eres tú Dios, tú eres el Universo infinito, con voz propia, lo único que tienes que hacer es escuchar y sentir La **Esencia** que mueve al mundo, que te mueve a ti.

Resumen Tu Esencia

- **Esencia**, eso es lo que siempre has sido y siempre serás, lo tenías oculto ante tus ojos, pero ya se acabó, ya no más esconder lo que en realidad eres, basta ya de ser pequeño.

- Buscar tu **Esencia** es una forma de vida, es una manera de encontrarte con tu propio Yo, con tu propia verdad, con lo que estás haciendo y has venido a Ser.

- Ahora ya lo sabes, Tú eres tú Dios, tú eres el Universo infinito, con voz propia, lo único que tienes que hacer es escuchar y sentir La **Esencia** que mueve al mundo, que te mueve a ti.

- En definitiva, tú eres la **Esencia** en sí misma, no hay búsqueda y no hay respuestas, tú eres **Esencia**, tú eres lo que estás buscando, lo que nunca nadie te lo ha mostrado, bien por protección, por religión o por creencias.

MIS NOTAS SOBRE
"Tu Esencia"

41.

Comienza tu nueva vida

*¿Qué sería de la vida, si no tuviéramos
el valor de intentar algo nuevo?*

Vincent Van Gogh

Enhorabuena ser esencial, si llegaste aquí significa que quieres cambiar algo en tu vida y eso es muy bueno, amigo mío.

Y, ahora ¿qué? te preguntarás.

Ahora comienza una nueva etapa en tu vida, te invito a que no quede en falsas promesas, no a mí, sino a ti, no te traiciones y sigue luchando por lo que quieres, por tus sueños, pelea cada día de tu vida, y sigue, sigue caminando por la vida con esa pasión que te caracteriza, sé que eres valiente, y no vas a fallar, creo en ti, confío en ti y lo vas a lograr.

Te deseo que vivas una vida desde tu **Esencia** lo más intensa posible, deseo que seas muy Feliz porque si es así, mi misión y mi tarea aquí habrá tenido sentido.

Gracias por acompañarme en este viaje, gracias por seguir y escuchar mis consejos.

Esto no es una despedida, al contrario, espero formar parte de tu vida y ayudarte en lo que necesites.

Te veo en La Esencia del Liderazgo.

GRACIAS POR TODO Y DESEO VERTE FELIZ.

UN FUERTE ABRAZO. Abraham.

Por último, deseo recomendarte la lectura de un libro muy especial "La voz de tu Alma" de Lain García Calvo, mi mentor y gran descubrimiento en mi crecimiento personal, ya que junto a su evento " Intensivo Vuélvete Imparable" me ha transformado la vida y ha sido el principal responsable de mi desarrollo como escritor, asesor de de vida y motivador para ayudar a lo demás.

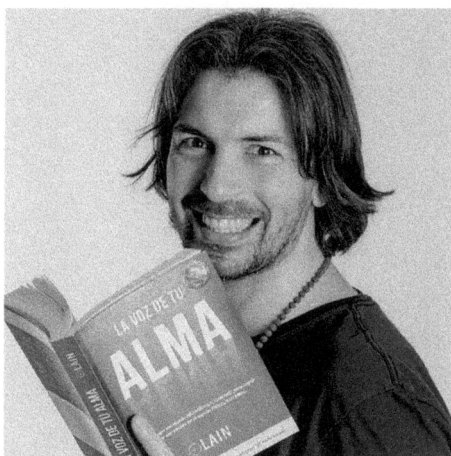

www.lavozdetualma.com

Gracias querido lector, un fuerte abrazo,

Abraham Portocarrero Álvarez

SÍGUEME EN MIS REDES SOCIALES

www.enbuscadetuesencia.com

abrahamportocarreroalvarez

abrahamportocarrero

Abraham Portocarrero Alvarez